EXETER TEXTES LITTÉRAIRES
Collection *Textes Littéraires* fondée par Keith Cameron.
La nouvelle collection *Exeter Textes Littéraires* dirigée
par David Cowling, maître de conférences dans le
Département de français, Université d'Exeter.

1

RYTHMES PITTORESQUES

Seth Whidden est professeur assistant de littérature française à
l'Université de Missouri à Columbia. Spécialiste de la poésie du dix-
neuvième siècle et de la civilisation française contemporaine, il est
l'auteur de plusieurs articles sur Rimbaud, Verlaine et Krysinska et des
traductions de Krysinska et de la culture hip-hop en France.

Frontispice: Photographie de Marie Krysinska
John Carter Brown Library, Brown University (États-Unis)

RYTHMES PITTORESQUES

Marie Krysinska

Édition critique établie par
Seth Whidden

UNIVERSITY
of
EXETER
PRESS

First published in 2003 by
University of Exeter Press
Reed Hall, Streatham Drive
Exeter EX4 4QR
UK
www.ex.ac.uk/uep/

British Library Cataloguing in Publication Data
A catalogue record for this book is available
from the British Library.

ISBN 0 85989 711 7
ISSN 1475-5742

T

Typeset in 10/12 pt Plantin Light
by XL Publishing Services, Tiverton

Printed in Great Britain by Antony Rowe Ltd, Chippenham

Table des Matières

RYTHMES PITTORESQUES

I
MIRAGES

II
SYMBOLES

DOSSIER

Introduction

« Marie Krysinska : Vie libre, vers libre »

«. . . une initiative, émanant d'une femme, peut être consid-
érée autant que possible comme ne venant de nulle part et
tombée de droit dans le domaine public »[1]

Pour avoir été une des premières à écrire de la poésie en vers libres
— et la seule femme parmi les novateurs de la versification française
de la deuxième moitié du dix-neuvième siècle — Marie Krysinska
mérite d'être connue autant que ses contemporains. De même, son
œuvre mérite toute une tradition d'études qui regarderait de près les
questions soulevées par son innovation poétique, par le traitement,
dans une nouvelle optique, des thèmes mythologiques, par la présence
surabondante de la danse et de la musique dans l'œuvre, pour n'en
citer que quelques-unes. Quoiqu'elle soit une des femmes-poètes les
plus importantes du dix-neuvième siècle, on connaît mal la vie et
l'œuvre de Marie Krysinska. En effet, la tâche — pas encore achevée
— de trouver tous ses écrits exige un travail de détective ; jusqu'à
présent, on doit se contenter d'accepter ou de mettre en question des
repères biographiques qui sont pour la plupart contestables.
   Marie Anastasie Vincentine Krysinska — francisation du nom
Maria Anastazja Wincentyna Krysinska — est née le 22 janvier 1857
à Varsovie, en Pologne. Même cette date de naissance, que nous tirons
de son acte de décès, n'est pas exempte de polémique. Des études de
Goulesque et d'autres, qui se basent pour l'essentiel sur l'article de
Bercy et Ziwès, affirment que Krysinska est née en 1864, et qu'elle est
allée « à l'âge de seize ans à Paris pour suivre au Conservatoire les cours

---

1 Marie Krysinska, « L'Evolution poétique : Devant l'Académie », *Revue universelle* (2
   février 1901), pp. 102–03 (p. 103).

de composition et d'harmonie »[2], fait important pour toutes informations biographiques qui suivent. Or, on n'a qu'à poursuivre la lecture de Bercy et Ziwès pour voir qu'ils ont tort ailleurs en rappelant « en 1904, quelques lignes nécrologiques sur la mort de Marie Krysinska »,[3] quand celle-ci est décédée en 1908. L'archiviste au Conservatoire de Paris nous a indiqué qu'il n'y a pas, dans leurs fichiers, d'élève portant le patronyme Krysinska.[4] Il est possible qu'on ait confondu le mythe de Krysinska avec l'histoire de Madame Segond-Weber, chanteuse qui reçut de nombreux éloges pour ses interprétations des poèmes de Krysinska au Théâtre de la Bodinière en 1895 : « A la rentrée de 1885, sans prévenir [. . .], Mademoiselle Weber se présente au Conservatoire. Elle n'a encore que seize ans, elle est refusée comme élève mais admise comme auditrice autorisée à suivre les cours. »[5]

Nous nous contentons de suivre les indications dans les documents que nous pûmes trouver — des actes de mariage et de décès à Paris et des listes d'immigration aux Etats-Unis — et d'accepter la date de 1857 jusqu'à preuve contraire. Le texte de son acte de décès, actuellement conservé à la mairie du dix-septième arrondissement de Paris, est le suivant :

> L'An mil neuf cent huit, le Seize Septembre, à trois heures et demie du soir. Acte de décès dûment constaté de Marie Anastasie Vincentine Krysinska, femme de lettres, née le vingt-deux janvier mil huit cent cinquante-sept à Varsovie (Pologne) décédée au domicile conjugal, rue Lechapelais, 10, hier soir, à quatre heures ; fille de Xavier Krysinski et de Amélie Wolowska, époux décédés. Epouse de Henri Georges Eugène Bellenger, âgé de Soixante-un [sic] ans, artiste-peintre.[6]

---

2   Anne de Bercy et Armand Ziwès, *A Montmartre . . . le soir : Cabarets et chansonniers d'hier* (Paris : B. Grasset, 1951), p. 272. Goulesque constate que « c'est 1864 qui apparaît dans toutes les autres sources », sans toutefois citer aucune de ces sources (Florence R. J. Goulesque, *Une femme poète symboliste : Marie Krysinska, La Calliope du Chat Noir* (Paris : Champion, 2001), p. 49).

3   Bercy et Ziwès, *op. cit.*, p. 272.

4   Or, il y a une Félicie KRASINSKA, née à Wola, près de Kock en Pologne, le 15 avril 1850, et qui a obtenu le premier prix de piano en 1867. . . (Nous tenons à remercier Andrée Fougeray, de la part de Jean-Pierre Vignon, directeur du Conservatoire de Paris, pour sa lettre du 11 décembre 2000).

5   Liane Lehman, *Madame Segond-Weber et la tragédie* (Paris : A.-G. Nizet, 1980), p. 15.

6   Acte de décès, 1908 Ms. 2191. Etat Civil, Mairie du 17e arrondissement, Paris.

Si l'on laisse de côté ce manque de détails convaincants, on sait que, fille d'un avocat éminent, Marie Krysinska alla à Paris alors qu'elle était jeune fille pour poursuivre ses études de musique. Selon le mythe de Bercy et Ziwès de son inscription au Conservatoire National de Musique, elle abandonna vite les études formelles : « Les routines et les dogmes ne pouvaient longtemps la retenir. Elle composa librement des pages sur des poèmes considérés jusqu'alors immusicables de Beaudelaire [sic], Verlaine, Charles Cros [. . .] ».[7] La seule femme admise au groupe littéraire « les Hydropathes »,[8] Krysinska fut membre actif des cercles littéraires et artistiques des « Hirsutes »,[9] « Jemenfoutistes »[10] et « Zutistes »,[11] jusqu'à l'ouverture du cabaret du Chat noir. Grâce à sa formation musicale, elle participa activement au cabaret comme pianiste, d'abord en mettant en musique des poèmes

---

7   Léon de Bercy, *Montmartre et ses chansons : Poètes et chansonniers* (Paris : H. Daragon, 1902), p. 45.

8   « Il y avait des dames qui portaient le titre d'Hydropathes, Maria Krysinska poète et compositeur était de toutes les séances. Sarah-Bernhardt était hydropathe, mais d'une façon purement honorifique. Il nous reste Rachilde qui était des nôtres dans sa prime jeunesse » (Jules Lévy, *Les Hydropathes* (Paris : André Delpeuch, 1928), p. 12). « Le besoin de dire des vers et de chanter des chansons se faisait tellement sentir à cette époque, que, peu à peu, une table d'hôte, sise rue des Boulangers, s'était transformée en lieu de réunion » expliqua le président du groupe, Emile Goudeau. « Ce lieu de réunion étant clos, nous nous rabattîmes, quatre ou cinq, sur un cabinet, sis au premier étage du café de la Rive Gauche, au coin de la rue Cujas et du boulevard Saint-Michel ». Les Hydropathes furent fondés le 11 octobre 1878 (Emile Goudeau, *Dix Ans de bohème. Suivi de* Les Hirsutes *de Léo Trézénik*, éd. Michel Golfier, Jean-Didier Wagneur et Patrick Ramseyer (Seyssel : Champ Vallon, 2000), pp. 183, 184, 186). Ce cercle artistique ne dura que deux ans : « En juin 1880 les Hydropathes se sabordent. Georges Vuidet, Fragerolle, Sapeck et Allais arrivent en retard aux Hydropathes et allument des feux de Bengale. Il est probable que le cercle, pris dans sa propre répétition, a alors tourné à sa caricature, devenant un *spectacle* comme un autre [. . .] le cercle des Hydropathes n'a plus de raison d'être » (*ibid.*, pp. 70–71).

9   Les « Hirsutes » se réunirent au Quartier latin ; le groupe existe de septembre 1881 jusqu'en avril 1883 (*ibid.*, pp. 71–72).

10 Après la chute des Hirsutes en avril 1883, les « Jemenfoutistes » commencèrent à se réunir en octobre de la même année. Dans *Lutèce*, la rubrique « Nos Samedis » rendit compte des réunions du groupe. Ils publièrent un journal : *Le Jemenfoutiste, journal nécessaire et attendu d'ailleurs*, qui n'existe que le temps d'un numéro (*ibid.*, p. 405).

11 Charles Cros créa les Zutistes le 15 août 1883 reprenant le terme consacré par l'Hôtel des Etrangers. L'annonce de la naissance du groupe se trouve dans *Le Chat noir* du 18 août 1883 (*ibid.*, p. 72). Sur l'histoire de la fin de cette société littéraire — selon laquelle Charles Cros « furieux de voir Georges Lorin et [Charles de] Sivry s'installer au piano [. . .] déclara dissoute la société des Zutistes », voir *ibid.*, p. 405 n. 4.

de ses contemporains et ensuite en écrivant ses propres poèmes et chansons. Comme elle l'expliqua plus tard : « musicienne, nous tentions, avec le moyen littéraire de traduire telle impression musicale, avec son caprice rythmique, avec son désordre parfois ; usant des ressources prosodiques comme d'ornementations et de parures librement agrafées, sans symétrie obligée. »[12]

A partir de 1882, première année de la revue *Le Chat noir*, Krysinska publia des poèmes, y compris ses premiers poèmes en vers libres, dans de nombreuses revues littéraires. C'est à partir de cette même année que l'on trouve des descriptions du salon littéraire qu'elle tenait chez elle.[13] Elle épousa le peintre Georges Bellenger[14] et cessa sa produc-

---

12 *Intermèdes, nouveaux rythmes pittoresques : Pentéliques, guitares lointanes, chansons et légendes* (Paris : A. Messein, 1903), pp. xxii-xxiii.

13 Mentionné brièvement par Laurent Tailhade, *Quelques fantômes de jadis* (Paris : Société des trente-A. Messein, 1913), pp. 58–59 ; par Gustave Guiches, *Au banquet de la vie* (Paris : Editions Spes, 1925), qui dit : « Chez Madame Marie Krysinska, dans un salon étroit comme un couloir, les poètes s'assoient, côte à côte, sur un canapé si long et si semblable à une impériale d'omnibus qu'on l'appelle 'Clichy-Odéon-Batignoles' » (p. 108) ; et en grand détail par Francis Enne, « Chez Krysinska », *Le Réveil* (7 décembre 1882) :

> Très pittoresque l'intérieur de Madame Krysinska :
> Une boîte à bonbons avec des fenêtres tabatières masquées par des rideaux de tapisserie épaisse ; dans un coin sous une poutre en diagonale un bon piano sonore. Au mur des esquisses cocasses savamment colorées et une petite étagère garnie de quelques livres : Baudelaire, Musset, Hugo, Edgar Poe, Dickens, Leconte de Lisle, Banville, Mendès sont là côte à côte, les volumes sont déchirés, maculés ; on voit que ceux qui les ont maniés les ont appris par cœur.
> Chez Madame Krysinska, on fume, on boit du thé, du cognac, des bocks, on est reçu avec la simplicité de la bohème bien entendue et on ne dit pas trop de bêtises. On rencontre des poètes, suivis de jeunes gens bien élevés, un peu prétentieux peut-être, mais qui ont fort envie de comprendre l'art et les artistes.
> Chez Madame Krysinska, j'ai donc entendu Rollinat toute une soirée ; il a, pour moi et quelques amis sincères et fort simples, écrasé le piano à coups de poing dignes de Litolff et de Listz ; il a chanté à tue-tête comme un bûcheron dans les branches ; il a récité des fragments de son prochain livre, les *Névroses*, et comme tous les auditeurs, je me suis laissé empoigner et dominer ; dans l'étourdissement de l'audition charmeuse, il ne m'a pas été possible de formuler une critique — il m'a fallu attendre pour juger. Ils en sont tous là, mes confrères, qui ont glorifié Rollinat.
> [. . .]
> Ce soir là, pendant quelques heures, il ne s'est pas livré tout entier ; on était pressé les uns contre les autres et quelques importuns raccolés dans les brasseries s'étaient glissés chez madame Krysinska ; mais quand on se trouva vraiment en petit comité, Rollinat nous dit sans réserve toutes ses symphonies, tous ses

tion littéraire pendant les deux années qu'ils passèrent aux Etats-Unis.[15] Pendant que son mari travaillait sur de grands panoramas comme *The Battle of Bunker Hill* (qui fut inauguré à Boston en 1888), Krysinska écrivait ou rassemblait des idées pour ses histoires fictives et des essais critiques qui s'inspireraient des Etats-Unis.[16] Une fois rentrée en France, Krysinska continua d'écrire de manière abondante et, en plus des œuvres publiées dans maintes revues littéraires,[17] elle publia trois recueils poétiques, un recueil de nouvelles, trois romans, des partitions musicales et de nombreux articles de critique artistique, musicale, littéraire et sociale.

Comme pour sa naissance, les détails de la mort de la femme-poète sont, eux aussi, auréolés de mystère. Cette fois il ne s'agit pas d'une date contestée — on accepte la date du 15 septembre 1908 — mais du lieu de l'enterrement ; pour certains, « she was placed in a common grave at Saint-Ouen since there was no one to pay for her tomb-stone ».[18] Wedkiewicz constate que Maria Kasterska « a réussi, après de longues recherches, à retrouver le tombeau de la poétesse dans le cimetière de la commune de Saint-Ouen (Seine) ; elle résumait les résultats de ses investigations dans un article sur Krysinska, adressé à la revue mensuelle *Przeglad Wspótczesny* et que la rédaction n'a pas eu

---

poëmes ; il nous communiqua toutes ses sensations, nous chanta Baudelaire avec fanatisme et nous fit tressaillir avec sa musique folle, dédaigneuse de tous les principes harmoniques des fugues et des contre-points d'école.

14 Le couple fut marié le 1er octobre 1885 dans le cinquième arrondissement, en présence de Amélie Wolowska, la mère de l'épouse. Henri Georges Eugène Bellenger (28 décembre 1847–13 novembre 1915), fils de Thomas Arsène Bellenger et Marie Josephine Rivière, frère d'Albert et Clément-Édouard et parent de Fernand, fut un graveur et lithographe qui étudia sous Lecoq de Boisbeaudran et Laurens. Il exposa aux Salons de Paris (1865–1895) et Londres (1875–1879), et eut du succès avec des illustrations des éditions des romans d'Emila Zola chez Marpon et Flammarion. Le Musée Fabre à Montpellier possède de lui *Tête d'amour* et *Paysage*.

15 « Détail anecdotique : les premières années d'apostolat pour le vers libre 1885–1886, ont coïncidé avec un séjour que nous fîmes aux Etats-Unis » (*Intermèdes, op. cit.*, p. xxxii).

16 Ces œuvres comprennent la série de nouvelles « Mœurs américaines » et l'étude « Les Chinois blanchisseurs à New-York » (voir la bibliographie).

17 Sa carte de visite, sur laquelle elle se présente comme « Marie Krysinska de Leliva (Mme Georges Bellenger) », est ainsi libellée : « Collaboratrice à la Revue Bleue, à la Revue Universelle et à la Revue des Revues ». Cette carte est insérée dans un exemplaire de son roman *La Force du désir* à la Bibliothèque Nationale de France (Fonds Barrès ; Z BARRES- 21284).

18 Marilyn Gaddis Rose, « Maria Krysinska », *An Encyclopedia of Continental Women Writers*, éd. Katharina M. Wilson (New York : Garland, 1991), pp. 672–73 (p. 672).

le temps de publier, vu l'agression allemande de septembre 1939 ».[19]
Kasterska a réussi à publier des informations, quoique dans une autre
revue, *Horyzonty*.[20] L'article reproduit des faits incontournables vis-
à-vis de l'inhumation de la femme-poète, à savoir :

> Nom : Bellanger née Krysinska
> Date de l'inhumation : 17 septembre 1906
> 16 Division Sud
> 13 ligne
> N° 52[21]

De sa découverte récente à Saint-Ouen du tombeau non pas de
Krysinska mais d'une certaine Marie Le Bolloch, Florence Goulesque
a tiré la conclusion hasardeuse que cette dernière serait la femme-
poète,[22] mais il suffit de regarder l'article de Kasterska pour distinguer
entre les faits et les hypothèses. Or plus important pourtant que les
détails biographiques est l'impact que Marie Krysinska eut sur la
forme poétique française dans les années 1880, ce que nous pouvons
mesurer plus dans les écrits de ses contemporains que dans des repères
biographiques.

De par son appartenance au milieu littéraire parisien nombreuses
sont les allusions la concernant : chroniques, romans à clefs[23] , auto-
biographies et histoires des cercles artistiques et littéraires de la fin de
siècle. Tantôt on lui accorde beaucoup d'estime : « Et tout ce qu'elle
écrit est enveloppant comme un de ses regards, tout ce qu'elle écrit a
une saveur d'inconnu et de nouveau, qui pénètre et qui fait s'extasier

---

19 Stanislas Wedkiewicz, « Marie Krysinska », *Bulletin de l'Académie Polonaise des
   Sciences et des Lettres (Centre polonais de recherches scientifiques de Paris)* 10 (avril
   1952), pp. 91–94 (p. 93 n. 1).

20 Maria Kasterska, « Zapomniana Muza Maria Krysinska », *Horyzonty* 33 (1959), pp.
   41–55.

21 Malgré les erreurs d'épellation (Bellanger) et de date (1906 au lieu de 1908), il
   semble que Kasterska ait réussi à trouver l'essentiel sur l'inhumation de la femme-
   poète.

22 Goulesque, *op. cit.*, p. 52.

23 Elle serait le personnage de « Kowiacka » dans *Dinah Samuel* par Félicien Champsaur
   (1905 ; nouvelle édition de Jean de Palacio (Paris : Séguier, 1999), pp. 149–50 et
   545) et « Iris Klinka » dans *La Maison de la vieille* de Catulle Mendès (1894 ; nouvelle
   édition de Jean-Jacques Lefrère, Michaël Pakenham et Jean-Didier Wagneur
   (Seyssel : Champ Vallon, 2000), pp. 99, 184–86, 205, 362, 453, 486, 491–93, 496
   et 505).

et se pâmer les amoureux de véritables œuvres d'art »,[24] tantôt des commentaires moins flatteurs, comme celui de Jules Renard après le « dîner des Symbolistes » du 3 février 1891 : « Marie Kryzinska [sic], une bouche à mettre le pied dedans ».[25] André Salmon constata que « Peu de femmes d'aucun temps auront été publiquement diffamées, insultées autant que Marie Krysinska »,[26] et elle reçut une liste impressionnante de surnoms : « la Saint-Jean Baptistine du vers libre », « la bonne diablesse », « La Reine de Pologne », « instigatrice du vers libre », « Marylka la Polonaise », « verseuse de Chopin », « la poémiste en prose », « l'oubliée », « une nihiliste en littérature », « Marpha Bableuska », « la vieille fée du symbolisme » et « la Polonaise du boul'Mich' ».[27] Krysinska prit également une place importante dans plusieurs poèmes et chansons de l'époque ; la chanson « La Marseillaise des chats noirs », publiée dans *Le Chat noir* et signée « Vox Populi », comprend la strophe suivante :

> V'là Krysinska, dans sa robe d'aurore,
> (Chante, ô mon luth, et vous, sonnez, sonnets !)
> Pour célébrer la diva qu'il adore,
> Tout le *Chat noir* répète en polonais :
> (REFRAIN :)
> Encore un coup d'aile dans l' bleu,
> V'là l'Idéal qui passe,
> Encor un coup d'aile dans l' bleu,

---

24 Zanetto, « Profils de poètes : Mme Marie Krysinska », *Simple Revue* (novembre 1893), pp. 332–33 (p. 333).

25 Jules Renard, *Journal (1887–1910)*, éd. Léon Guichard et Gilbert Sigaux (Paris : Gallimard, 1960), p. 77.

26 André Salmon, *Première Époque (1903–1908)* (Paris : Gallimard, 1955), tome 1 de *Souvenirs sans fin*, 3 tomes, 1955–61, p. 46.

27 Henri Mondor, *Vie de Mallarmé* (Paris : Gallimard, 1941), p. 690 (Krysinska regrette de ne pas avoir reçu de reconnaissance, même minimale, de la part de ses contemporains ; voir *Intermèdes, op. cit.*, p. xxxiii) ; François Caradec, *Alphonse Allais* (Paris : Librairie Arthème Fayard, 1997), p. 219 ; David Arkell, *Looking for Laforgue : An Informal Biography* (Manchester : Carcanet Press, 1979), p. 134 ; Mariel Oberthür, éd., *Le Chat noir (1881–1897)* (Paris : Réunion des Musées Nationaux, 1992), p. 31 ; Goudeau, *op. cit.*, pp. 212 et 250 ; Laurent Tailhade, *op. cit.*, p. 12 ; Noël Richard, *A l'aube du symbolisme : Hydropathes, fumistes et décadents* (Paris : Librairie Nizet, 1968), p. 57 ; Robert Sabatier, *La Poésie du XIXe siècle. Tome 2 : Naissance de la poésie moderne* (Paris : Albin Michel, 1977), tome 5 de *Histoire de la poésie française*, p. 547 ; Francisque Sarcey, « Chronique littéraire », *La Plume* 34 (15 septembre 1890), p. 164 ; Salmon, *op. cit.*, pp. 46, 47 et 47, respectivement.

L' bourgeois n'y voit qu' du feu ![28]

Et dans une chanson que Lucien Aressy appela « L'Adieu à [Rodolphe] Salis d'Adolphe Gensse », on lit ces vers :

> Et pour épater l'univers,
> Fuyant le Montmartre interlope
> Et l'hiatus et l'apocope
> Et Krysinska, leur Calliope,
> Ils nous faut faire de bons vers :
> Salis est mort. Vive Procope ![29]

F.-A. Cazals écrivit lui aussi un poème sur Krysinska,[30] mais c'est dans

---

28 Vox Populi, « La Marseillaise des chats noirs », *Le Chat noir* 2.56 (3 février 1883), p. 16.

29 Lucien Aressy, *La Dernière Bohème : Verlaine et son milieu* (Paris : Jouve et Cie, 1923), p. 154. Calliope est, bien sûr, la Muse de la poésie lyrique, et Rodolphe Salis a été le fondateur du Chat noir. Le Procope est le plus vieux café de Paris, ayant ouvert ses portes en 1686.

30 Voici le poème, qu'Aressy appelle « la chanson de son ami F.-A. Cazals » :

> Krysinska n'a qu'un défaut
> C'est le défaut d' la cuirasse !
> Il en faut, pas trop n'en faut,
> Sapho n'était point si grasse.
> Quand ell' fait parler son cœur
> Les *symbolistes* sourient
> Et prenant un air moqueur
> En chœur les *romans* s'écrient :
>
>> Laissez passer cett' cris' là,
>> La crise à Kry (*bis*),
>> Laissez passer cett' cris' là,
>> La crise à Krysinska !
>
> Indolents et virulents
> De grand art ell' nous arrose,
> Elle a de nombreux talents
> Ell' fait mêm' des vers en prose.
> Ell' se met au piano :
> Sous ses doigts tremblent les touches. . .
> Elle chante en soprano :
> Bravo ! clament tout's les bouches,
> Et chacun dit : Ce cri-là
>> C'est le cri d' Kry (*bis*)
> Et chacun dit : ce cri-là
> C'est le cri d' Krysinska ! (cité dans Aressy, *ibid.*, p. 57)

les écrits de Laurent Tailhade, l'anarchiste de la fin de siècle qui la
détesta avec une vigueur impressionnante, qu'elle fut attaquée avec le
plus de virulence : « Laurent Tailhade capable de férocité [. . .] ne
manquait jamais une occasion de traiter Marie Krysinska comme la
dernière des dernières ».[31] Avec leur invective, les attaques de Tailhade

---

31 Salmon, *op. cit*, p. 46. Parmi les écrits anti-krysinskans de Tailhade, on note le
suivant :

> Les Muses d'ailleurs ne manquaient point à la petite fête. Je ne pense jamais
> avoir rencontré plus lamentable congrès de laiderons, ni d'accoutrement plus
> fâcheux de l'éternel féminin. [. . .] Parmi ces dames une poëtesse qui goûta
> quelque renom du boulevard Saint-Michel à celui du Mont-Parnasse, la juive
> polonaise Marie Krysinska violant l'attention des petits jeunes gens par des mines
> enfantines et des avances d'une guenonique ingénuité.
>
> Grande, grasse et déjà fort loin du matin, sur le piano édenté de ses dièzes,
> elle vaginait des mélodrames dans le goût ingénu de Maurice Rollinat [. . .] Pour
> ne se distinguer point de ces damoisels, Marie Krysinska distillait à grand renfort
> de triples croches le faguenas du cadavre et les helminthes du cercueil. (Laurent
> Tailhade, « Causerie sur Paul Verlaine », *La Plume* 134 (15 novembre 1894), pp.
> 463–67 [p. 465])

Plus tard, Tailhade ajouta l'anecdote suivante : « Elle tenait bureau d'esprit dans un
troisième de la rue Monge, où passaient les jeunes hommes curieux de parfiler des
syllabes, et maint adolescent qui briguait la faveur d'être mûri par elle » (*Quelques
fantômes de jadis, op. cit.*, pp. 58–59). Effectivement, nous trouvons plusieurs
rumeurs selon lesquelles la femme-poète aurait eu des liaisons avec plusieurs de ses
contemporains, dont Charles Henry (voir les notes qui accompagnent « Chanson
d'automne », *infra*, pp. 121–23) ; Léon Bloy (voir l'année 1888 de la Chronologie
de cette édition, p. 115) ; et Léo Goudeau (pseudonyme Léo Montancey), frère
cadet d'Emile Goudeau, comme l'indique ce dernier : « Pendant un temps, mon frère
Léo Goudeau, récemment sorti de Saint-Cyr et qui tenait garnison à la caserne du
Château-d'Eau, put m'aider dans cette entreprise. Mais, devenu subitement
amoureux d'une Polonaise, grande musicienne, lui qui était déjà féru de musique,
crut devoir démissionner » (Goudeau, *op. cit.*, p. 248 ; les éditeurs sont persuadés
de l'identité de la femme-poète : « Il s'agit bien sûr de Marie Krysinska » [p. 248 n.
3]). Pour sa part, Tailhade écrivit aussi des poèmes « anti-Krysinskans », dont
« Ballade : Sur le propos d'immanente syphilis », « Chemin d'églogue » (*Poèmes aristo-
phanesques* (Paris : Mercure de France, 1915), pp. 12 et 16, respectivement) et
« Intimité » (pp. 142–43), dans lequel il se moque de Krysinska en l'appelant
« Marpha Bableuska », ce nom étant un mélange avec « bas bleu ». Cette phrase péjo-
rative pour une femme qui ose écrire a été très répandue à l'époque de Krysinska,
grâce en partie aux illustrations de Daumier dans *Le Charivari* (1844), entre autres.
Il y a une anecdote notable qui rapproche justement Krysinska et les bas, quoique
non bleus :

> [. . . On suggéra] l'idée de faire déménager de la boutique voisine un horloger
> qui s'y trouvait, ce qui permettrait un agrandissement assez important [du Chat
> noir . . .]. Mais l'horloger, que gênaient ses bruyants voisins, s'entêta à vouloir

visaient toujours Krysinska comme femme-poète plutôt qu'un aspect quelconque de sa poésie, et c'est peut-être pour cette raison que Krysinska ne répondit jamais, à notre connaissance, par écrit. Or, quand il fut question de son style poétique, elle n'hésita pas à répondre, comme le montre le débat entre elle et Franc-Nohain dans des pages du *Chat noir* en janvier et février 1892.[32]

La question du vers libre

Fable — express
Une femme poète envoyait sa copie
A l'un de ces journaux qui ne sont pas très-fiers,
Et ne payent jamais. — Bah ! disait notre amie,

Moralité
Doucement, l'avenir est à qui perd ses vers.[33]

Quoiqu'elle se voie souvent le sujet de galéjades comme celle d'Alphonse Allais, Krysinska prit son œuvre poétique très au sérieux. Elle ajouta en particulier des préfaces à ses deuxième et troisième recueils poétiques ; dans celle de *Joies errantes* (1894), elle déclara son indépendance littéraire, constata que son but était d'arriver à « quelque

---

rester [. . .]. On lui fit payer cher ce refus. La bande chatnoiresque trouva mille tours à lui jouer. [. . .] Si bien qu'un jour d'été où les habitués du *Chat noir* s'étaient commodément installés à la terrasse, l'épouse de l'horloger, exaspérée d'une farce nouvelle — un envoi de pots de chambre, si nous avons bonne mémoire — sortit précipitamment de sa boutique armée d'un seau plein d'eau qu'elle lança à toute volée sur les consommateurs. Le délicat poète-compositeur Marie Krisinska [sic] — seule femme admise comme auteur aux matinées littéraires — Marie Krisinska [sic], vêtue d'une fraîche robe de soie gris clair, reçut la douche en plein. Elle se retroussa pour ne pas tremper sa jupe, — longue à cette époque, — dans le lac improvisé. Et l'on s'aperçut avec effarement que, sous sa belle toilette Marie Krisinska [sic] était chaussée de bottines à élastiques . . . bottines d'homme, bien entendu. (Bercy et Ziwès, *op. cit.*, pp. 23–24)

32 A ce sujet, voir notre « 'Nous les prendrons, nous les comprendrons' : une mini-querelle au *Chat Noir* », *Histoires littéraires* 8 (2001), pp. 31–37.

33 Alphonse Allais, *Par les bois du Djinn : Poésies complètes*, éd. François Caradec (Paris : Fayard, 1997), p. 152.

beauté neuve et l'expressif inattendu »[34] et demanda la libération du rythme, refusant ainsi ce qu'elle appelle « les rigides architectures du vers ».[35] Dans la préface d'*Intermèdes* (1903), elle répondit en particulier aux allégations faites par Gustave Kahn dans son *Symbolistes et décadents* (1902) et appuya sa propre revendication d'avoir inventé le vers libre.

De nombreux chercheurs ont noté, non sans raison, que les premiers poèmes en vers libres français n'avaient été écrits ni par Krysinska ni par Kahn, mais par Arthur Rimbaud.[36] Or, Kahn explique comment, en faisant son service militaire en Tunisie, il trouva par pur hasard le plagiat supposé de Krysinska :

> Je n'eus guère là-bas de vie littéraire, sauf un jour un brusque rappel. Le service télégraphique m'employait, et un jour, en dépaquetant des ustensiles que me faisait parvenir l'administration, imprimés, ou bandes, je regardais les papiers d'enveloppe ; une page de la *Vie moderne* me tombât sous les yeux ; la *Vie moderne* c'était le souvenir d'une exposition Monet, d'un journal où Emile Bergerat m'avait accepté un méchant article qu'il n'avait jamais fait passer. Je regardais la feuille et j'y vis un poème en vers libres, ou typographié tel, poème en prose ou en vers libres, selon le gré, très directement ressemblant à mes essais. Il était signé d'une personne qui me connaissait bien, et voulait bien, moi absent, se

---

34 *Joies errantes : Nouveaux rythmes pittoresques* (Paris : Alphonse Lemerre, 1894), p. viii.

35 *Ibid.*, p. vii.

36 Considérons les dates suivantes du vers libre :

    avant 1875   Rimbaud écrivit « Marine » et « Mouvement »

          1881   Krysinska publia « Symphonie des parfums » dans *La Chronique parisienne*

          1882   (14 octobre, 4 et 25 novembre, 2 décembre) les poèmes de Krysinska « Chanson d'automne », « Symphonie en gris », « Ballade » et « Berceuse macabre » parurent dans *Le Chat noir*

          1883   (26 mai) le poème de Krysinska « Le Hibou » parut dans *La Vie moderne*

          1886   (29 mai) la « Marine » de Rimbaud parut dans *La Vogue*

          1886   (21 juin) le « Mouvement » de Rimbaud parut dans *La Vogue*

          1886   (28 juin) Kahn publia son propre « Intermède » dans *La Vogue*

          1886   (5 juillet et 2 août) Deux poèmes de l'américain Walt Whitman, traduits par Jules Laforgue, parurent dans *La Vogue*

          1886   (16 août) « L'Hiver qui vient » de Laforgue parut dans *La Vogue*

conformer étroitement à mon esthétique ; je faisais école.[37]

Malgré l'accusation de Kahn, le poème de Krysinska (il s'agit du « Hibou ») parut dans *La Vie moderne* le 26 mai 1883, soit trois ans avant que ses premiers poèmes en vers libres voient le jour. Krysinska contesta elle-même la véracité de la version de Kahn dans les pages d'*Intermèdes* :

> « Il était signé *d'une personne* . . . » spécifie M. Kahn. C'était moi,
> « la personne » et ce poême [sic], « Le hibou », fut le seul, en vers
> libres, que la *Vie moderne* eût jamais inséré. C'est ainsi que l'on
> peut rétablir notre signature sous la désignation de *une personne
> qui me connaissait bien*, par quoi M. Kahn laisse entendre que son
> *invention*, alors strictement inédite, était parvenue à notre connais-
> sance par quelque moyen occulte, sans doute, ou cambrioleur.
>
> Si, pourtant, j'eusse été ce premier disciple, au lieu de la toute
> spontanée et impulsive musicienne qui essayait de se transposer
> en poésie, sans nulle ambition de fonder une école ; comment M.
> Kahn explique-t-il le fait de m'avoir systématiquement rejeté [sic]
> du sein de son entreprise, de ses listes, catalogues et nomencla-
> tures d'adeptes et de sa revue propagandiste pour laquelle je lui ai
> envoyé maints poèmes, dont il n'inséra pas un seul.[38]

Et à la réclamation de Kahn que « je faisais école », Krysinska répondit avec moquerie : « Heureux climat africain et heureux âge où l'on peut *faire école* avant d'avoir fait imprimer une seule ligne révélatrice de *son* esthétique ! »[39] Il est intéressant de noter que Kahn n'utilisa jamais le nom de Krysinska pour parler d'elle, essayant ainsi de diminuer son importance ; en la rendant absente il lui refuse la sorte de renommée dont il allait lui-même jouir : « Il y eut donc — de la part des confrères manifestants et propagateurs de symbolisme en 1885 — pas mal de perfidie à ne jamais prononcer le nom de Marie Krysinska lorsqu'ils faisaient le dénombrement de leur *groupe initial* ».[40]

Plus on la regarde de près, plus l'histoire de Kahn d'avoir reconnu son propre style dans « Le Hibou » devient douteuse. Quoique sa

---

37 Gustave Kahn, « Les Origines du symbolisme », *Symbolistes et décadents* (Paris : Léon
   Vanier, 1902), pp. 28–29.
38 *Intermèdes, op. cit.*, pp. xxxiii–xxxiv.
39 *Ibid.*, p. xxxiv.
40 *Rythmes pittoresques* (Paris : Alphonse Lemerre, 1890), p. iii (p. 23 de notre édition).

femme Rachel maintînt que « depuis 1880 Marie Krysinska était au courant de tous les essais de vers libres que tentait mon mari »,[41] il n'y a aucune preuve, manuscrite ou publiée, qui indique que Kahn écrivait des vers libres avant Krysinska. En fait, la date sur le manuscrit du poème de Kahn « Caprices splénétiques » a été ajoutée de manière postérieure, et même par quelqu'un d'autre. On attribue l'écriture de la date à Anna Bass, la maîtresse du poète : « Anna Bass ne fit la connaissance de Kahn que bien après la période en question. C'est donc Kahn, probablement qui dut lui fournir ces dates »,[42] ce qui nous donne une date peu fiable, et qui pourrait même indiquer une tricherie de la part de Kahn et de ses proches. Quant aux autres amis de Kahn, il serait normal qu'ils soient informés de ses vers libres, et dans la préface à ses propres *Premiers poèmes*, Kahn constata que : « Laforgue, depuis nos vingt ans simultanés, connaissait mes théories ».[43] Or, les remarques de Laforgue ne dénoncent nullement un plagiat qui, s'il était évident à Kahn, l'aurait été à Laforgue aussi ; dans une lettre à Charles Henry, Laforgue décrit « Le Hibou » (qu'il appelle « L'Oiseau crucifié ») ainsi : « J'aime *L'Oiseau crucifié* de Marie Krysinska. Mais avouez qu'il y a là trois ou quatre scories ou bavures rentrées ».[44] De plus, il est encore moins question de plagiat quand, six semaines plus tard, Laforgue commente l'originalité de quelques-uns de ses poèmes qui parurent dans *Le Chat noir* : « Marie Krysinska a sensibilité artiste à fond original, mais tout cela est bien noyé dans la rhéto[rique] à la mode, n'est-ce pas ? »[45] Quand il réagit aux poèmes en vers libres de Kahn, Laforgue contredit directement la version de son ami ; il lui écrit

---

41 Richard Shryock, éd., *Lettres à Gustave et Rachel Kahn (1886–1934)* (Saint-Genouph : Nizet, 1996), p. 156.

42 *Ibid.*, p. 157. Voir *ibid.*, pp. 156–59 sur le côté kahnien de cette dispute.

43 Gustave Kahn, « Préface sur le vers libre », *Premiers poèmes*, 2ᵉ éd (Paris : Société du Mercure de France, 1897), pp. 3–38 (p. 16).

44 Jules Laforgue, *Œuvres complètes : Édition chronologique intégrale*, éd. Jean-Louis Debauve, Daniel Grojnowski, Pascal Pia, Pierre-Olivier Walzer, David Arkell et Maryke de Courten, 3 tomes (Lausanne : L'Age d'Homme, 1986–2000), lettre du 7 ou 8 juin 1883, tome 1, p. 824.

45 *Ibid.*, lettre du 27 juillet 1883, tome 1, p. 832. Laforgue critique son style et celui de Georges Lorin quand il continue : « Elle écrit *les Fenêtres* parce que Lorin a mis à la mode *les Becs de gaz, les Maisons, les Voitures,* etc. Il y a beaucoup là de fabrique », mais l'originalité de Krysinska n'est jamais mise en question chez Laforgue. Quant à lui, Laforgue ne commence à rendre explicites ses idées sur le vers libre que trois ans plus tard, quand il écrira : « J'oublie de rimer, j'oublie le nombre des syllabes, j'oublie la distribution des strophes, mes lignes commencent à la marge comme de la prose. L'ancienne strophe régulière ne reparaît que lorsqu'elle peut être un quatrain populaire, etc. » (*ibid.*, tome 2, pp. 863–64).

le 3 mai 1886 (soit six ans après leur rencontre) : « Il y a là des tas de
rythmes inédits et *je ne te connaissais pas ces préoccupations* ».[46] Tout
dernièrement, plusieurs critiques ont montré comment Kahn a —
délibérément, semble-t-il — retardé la publication des poèmes en vers
libres de ses contemporains dans sa revue *La Vogue* pour des raisons
particulières : « In his effort to commandeer priority for himself Kahn
acquired something of a reputation for 'postponing' the priority of
others ».[47] Dujardin raconte l'histoire suivante : « Quant à la priorité
du vers libre, je me rappelle que Moréas me raconta ceci : il avait remis
à Kahn pour la *Vogue* un poème en vers libre. Je crois que c'était le
'Chevalier aux blanches armes'.[48] Kahn aurait ajourné le poème de
Moréas et se serait empressé d'en fabriquer un lui-même et de le
publier, afin de s'assurer la priorité ».[49] Face à toutes ces informations
problématiques autour de Kahn, il est clair que la priorité du vers libre
se partage entre Rimbaud, qui l'a écrit en premier, et Krysinska, qui
fut la première à en publier.

Or, les quelques critiques qui ne questionnent pas le fait que
Krysinska ait publié des poèmes avant Kahn se prononcent plutôt
contre l'idée qu'il s'agit du vers libre. Dans un passage de ses *Premiers
poètes du vers libre* (1922) qu'il nomme « la question Krysinska »,[50]
Edouard Dujardin se veut « tirer la question au clair »[51] ; or, sa critique,
qui sera reprise sans élaboration plus tard par Suzanne Bernard dans

---

46 *Ibid.*, tome 2, p. 848 ; c'est nous qui soulignons.

47 Clive Scott, *Vers libre : The Emergence of Free Verse in France 1886–1914* (Oxford : Clarendon Press, 1990), p. 72.

48 Selon Scott (*ibid.*, p. 72), ce poème est « Historiette » dans *Le Pèlerin passionné*, publié dans *La Vogue* 3.5 (15–20 novembre 1886) et un de quatre « Laïs ». Scott constate aussi (p. 73) que l'auteur de la lettre à Dujardin est Jean Ajalbert, qui raconte la même histoire dans ses *Mémoires en vrac : Au temps du symbolisme 1880–1890* (Paris : Albin Michel, 1938).

49 Edouard Dujardin, *Les Premiers Poètes du vers libre* (Paris : Mercure de France, 1922), p. 24. Selon Krysinska, la motivation de Kahn était « plus que toute autre ambition d'artiste — celle d'être chef de quelque chose » (« De la nouvelle école : A propos de l'article de M. Anatole France dans *Le Temps* sur M. Jean Moréas », *La Revue indépendante de littérature et d'art* 18.52 (février 1891), pp. 265–67 [p. 267]). En février 1896, les frères Goncourt expriment le même sentiment, en rappelant l'auto-promotion de Kahn : « Je ne sais qui cite cette phrase supercotentieuse [sic] prêtée au jeune Kahn : 'il n'y a que trois poètes : Salomon, le Dante et moi !' » (Edmond et Jules Goncourt, *Journal : Mémoires de la vie littéraire*, éd. Robert Ricatte, 4 tomes (Paris : Fasquelle et Flammarion, 1956), tome 4, p. 929).

50 Dujardin, *op. cit.*, p. 18. Sauf indication contraire, toute citation de Dujardin vient de ses *Premiers Poètes du vers libre*.

51 *Ibid.*, p. 19.

son ouvrage *Le Poème en prose*, manque de rigueur. D'abord, Dujardin offre la liste des poèmes de Krysinska qui parurent en 1882 et 1883, même s'il ignore plusieurs de ses premières publications dans *Le Chat noir* et d'autres revues.[52] La critique suivante de Dujardin est que les poèmes de Krysinska sont des poèmes en prose et non pas en vers libres,[53] même si une telle distinction est très difficile à cerner. Si Krysinska n'écrivait que des poèmes en prose, alors pourquoi Kahn — le théoricien le plus important du vers libre — y aurait-il reconnu son propre style poétique et aurait-il accusé la femme-poète de plagiat ?[54] Dans sa propre présentation du vers libre, Kahn tâcha de trouver du vers libre à l'intérieur même des formes prosodiques plus traditionnelles ; dans une discussion d'un vers d'*Athalie*, Kahn

---

52 Voici la liste complète des publications de Krysinska pendant les trois premières années de sa carrière littéraire :

1881 : « Symphonie des parfums », *La Chronique parisienne* (ignoré par Dujardin)

1882 : « Chanson d'automne », *Le Chat noir* (14 octobre)
« Symphonie en gris », *Le Chat noir* (4 novembre)
« Ballade », *Le Chat noir* (25 novembre)
« Berceuse macabre », *Le Chat noir* (2 décembre ; ignoré par Dujardin)

1883 : « Les Fenêtres (poème en prose) », *Le Capitan* 1 (ignoré par Dujardin)
« Le Hibou », *La Vie moderne* (26 mai)
« Les Bijoux faux », *Le Chat noir* (30 juin ; ignoré par Dujardin)
« Les Fenêtres (poème en prose) », *Le Chat noir* (7 juillet ; ignoré par Dujardin)
« Un Roman dans la lune », *La Libre Revue* (16–30 novembre ; ignoré par Dujardin)
« Le Démon de Rakoczi », *La Libre Revue* (16–31 décembre)

53 *Ibid.*, p. 19.
54 En fait, la présentation des poèmes de Rimbaud dans *La Vogue* en 1886 (« Marine », *La Vogue* 1.6 [29 mai–3 juin] ; « Mouvement », *La Vogue* 1.9 [21–27 juin]) et les écrits subséquents de Kahn donnent l'impression que les poèmes de Rimbaud sont des poèmes en prose, ce qui put mener Kahn à croire que ses propres poèmes publiés dans *La Vogue* (« Intermède I-VI », *La Vogue* 1.10 [28 juin–5 juillet]) furent les premiers vers libres publiés en français (il faut cependant ne pas oublier que les traductions faites par Laforgue des poèmes de l'Américain Walt Whitman parurent dans le même numéro de *La Vogue*). A propos des poèmes de Rimbaud dans *La Vogue*, Kahn constata :

Les vers de Rimbaud, qui faisaient partie des *Illuminations*, affranchis de bien des entraves, n'étaient point le vers libre, non plus que ceux de Verlaine. De très habiles dissonances sur la métrique ancienne donnaient l'apparence qu'un instrument nouveau chantait, mais apparence illusoire ; c'était, avec bien du charme et de la ductilité en plus, avec un sens très critique, l'ancienne rythmique. (« Préface », *op. cit.*, p. 15)

maintint qu'il y a de plus petits vers à l'intérieur des vers qui sont plus longs.[55] Il faut noter aussi que le problème d'ambiguïté rythmique que présente le vers libre ne se limite pas à ses premiers théoriciens ; plus récemment, les éditeurs du *New Princeton Encyclopedia of Poetry and Poetics* admettent dans leur définition du vers libre que « paradoxically, though, syllabic amorphousness produces rhythmic polymorphousness, and polysemy ; in other words, a single line of [vers libre] is potentially several lines, each with its own inherited modalities ».[56]

Dujardin continue son attaque contre Krysinska en comparant son poème « Symphonie en gris », « la pièce qui se rapprocherait le plus du vers libre »,[57] tel qu'il fut publié dans *Le Chat noir* et dans *Rythmes pittoresques*, surtout à cause des changements importants de la disposition du poème sur la page. Des vers tels que :

> Plus d'ardentes lueurs sur le ciel alourdi, qui semble tristement rêver

sont publiés, dans la deuxième version du poème (dans *Rythmes pittoresques*), comme

---

55 A propos des vers « Oui, je viens dans son temple adorer l'Eternel, / Je viens selon l'usage antique et solennel », Kahn écrivit : « le premier vers se compose de deux vers de six pieds dont le premier est un vers blanc 'Oui, je viens dans son temple' et dont l'autre 'adorer l'Eternel' serait également blanc, si, par habitude, on n'était sûr de trouver la rime au vers suivant, c'est-à-dire au quatrième des vers de six pieds groupés en un distique » (*ibid.*, pp. 24–25).

56 Alex Preminger et Terry V. F. Brogan, éd., *The New Princeton Encyclopedia of Poetry and Poetics* (Princeton, NJ : Princeton University Press, 1993), p. 1344. Le pire est que les poèmes de Krysinska ont ce qu'un critique appelle « an ambiguous look to them » (Clive Scott, *Vers libre, op. cit.*, p. 68), ce qui les rend difficiles à classifier comme étant poèmes en prose ou vers libre. Krysinska avait dû être consciente de cette confusion quand elle publia « Les Fenêtres » dans *Le Chat noir* du 7 juillet 1883, avec le sous-titre « Poème en prose ». Mais c'est précisément cette ambiguïté, ce que Kahn appelle une « confusion », qui est célébrée dans la théorie kahnienne du vers libre : « [. . .] si le vers pseudo-classique ou le vers romantique faible ne se distingue que par la rime, et peut être confondu avec de la prose, le vers libre, plus flottant, pourra être confondu avec une prose poétique, rythmée et nombrée, avec une sorte de musique. Qu'on en convienne, cela serait déjà mieux, et remplirait davantage notre but » (« Préface », *op. cit.*, pp. 32–33). Selon Kahn, le manque de caractère distinctif est l'un des attributs les plus importants du vers libre ; cette résistance à la classification prosodique simpliste sert à éviter la catégorisation hâtive et éviter d'inclure autant de variations que possible ; donc, les chefs-d'œuvre du vers libre « loin de se limiter à une technique restreinte, en un but d'unité, chercheront à réunir toutes les ressources les plus variées de l'art poétique » (*ibid.*, p. 38).

57 Dujardin, *op. cit.*, p. 20.

> Plus d'ardentes lueurs sur le ciel alourdi,
> Qui semble tristement rêver

c'est-à-dire sur deux vers. A propos de cette « tricherie », Dujardin s'exclame : « il ne suffit pas, madame, pour faire des vers libres, de passer à la ligne à chaque membre de phrase ».[58] Mais de tels changements d'un poème peuvent être autant signes d'une expérimentation poétique plutôt que d'une « tricherie », vu le manque de distinction claire entre le vers libre et la poésie en prose dont nous venons de discuter. De plus, il semble que les formes multiples de « Symphonie en gris » font appel aux « ressources les plus variées de l'art poétique » que mentionne Kahn dans sa propre préface.

En fait, Kahn est le théoricien du vers libre qui élimine la rigueur arbitraire des conventions typographiques : « En vertu de notre définition, tous les artifices typographiques utilisés pour l'homologation de deux vers (rime pour l'œil) sont d'un coup écartés. Le poète parle et écrit pour l'oreille et non pour les yeux, de là une des modifications que nous faisons subir à la rime ».[59] Pour sa part, Krysinska se prononce ainsi : « Quant à la disposition graphique, la division linéaire n'étant plus motivée par la rime ou l'assonance, qui sont facultatives, elle est arbitraire, en effet. Mais, là encore, c'est l'arbitraire commun à tous les moyens d'art ».[60] La préférence du vers libre pour les éléments acoustiques de la rime et le refus de l'importance du visuel — autrement dit, la rime pour l'oreille au lieu de la rime pour l'œil — est l'un des points de départ les plus importants de la poésie romantique et parnassienne, et donc un thème très répandu dans la poésie française de la deuxième moitié du dix-neuvième et du début du vingtième siècles ; le poème d'Alphonse Allais « Rimes riches à l'œil ou Question d'oreille », publié dans *Le Sourire* (7 décembre 1901) parodie bien l'importance du visuel :

> L'homme insulté qui se retient
> Est, à coup sûr, doux et patient.
> Par contre, l'homme à l'humeur aigre
> Gifle celui qui le dénigre.
> Moi, je n'agis qu'à bon escient :
> Mais, gare aux fâcheux qui me scient !

---

58 *Ibid.*, p. 21.
59 Kahn, « Préface », *op. cit.*, p. 31.
60 « L'Evolution poétique : Devant l'Académie », *op. cit.*, p. 103.

Qu'ils soient de Châteaux-l'Abbaye
Ou nés à Saint-Germain-en-Laye,
Je les rejoins d'où qu'ils émanent,
Car mon courroux est permanent.
Ces gens qui se croient des Shakespeares
Ou rois des îles Baléares !
Qui, tels des condors, se soulèvent !
Mieux vaut le moindre engoulevent.
Par le diable, sans être un aigle,
Je vois clair et ne suis pas bigle.
Fi des idiots qui balbutient !
Gloire au savant qui m'entretient ![61]

De surcroît, l'aspect purement sonore de la poésie est justement la fondation sur laquelle s'appuie la création krysinskane du vers libre ; comme l'explique Georges Rodenbach :

> Un jour, en lisant la traduction de Heine par Gérard de Nerval, elle fut fort impressionnée. A chaque vers allemand, dans cette traduction juxtalinéaire, correspondait le sens français qui était, non pas un vers, mais de la *prose poétique*, puisqu'il traduisait sans césure ni rythme ni rime le vers allemand équivalent.
>
> Alors elle se dit qu'une telle forme lui suffirait pour s'exprimer, sans devoir *aller jusqu'au vers*. Et elle y appliqua désormais des motifs personnels et des sensations directes.[62]

Il faut noter que la femme-poète présenta différemment sa venue au vers libre et décrivit plutôt l'influence de la musique de Charles de Sivry quand elle était tout simplement « une très jeune personne, point professionnelle des lettres, musicienne par son éducation et d'un goût, élève et admiratrice du compositeur Charles de Sivry » et « l'élève de ce Maître musicien, la jeune poétesse déserteur de la musique et des prosodies anciennes ».[63]

Peu importe que l'inspiration vienne d'une traduction ou de la

---

61 Voir aussi Alphonse Allais, *Par les bois du Djinn, op. cit.*, p. 17.
62 Georges Rodenbach, « La Poésie nouvelle : A propos des décadents et des symbol-istes », *La Revue bleue* 28.14 (4 avril 1891), pp. 422–30 (p. 427) ; souligné dans le texte.
63 « Les Cénacles artistiques et littéraires : Autour de Maurice Rollinat », *La Revue* (15 août 1904), pp. 477–91 (pp. 483 et 484).

musique ; les deux versions mettent l'accent sur la sonorité des mots ou des sons, les deux rapprochant la femme-poète de la tradition poétique orale — ne l'ignorons surtout pas. Sa formation musicale — qu'elle soit formelle, au Conservatoire, ou non — jouera un rôle principal pendant toute sa carrière artistique et littéraire, comme le suggèrent des titres tels que *Rythmes pittoresques* et *Intermèdes*. De plus, les deux versions de l'histoire de son inspiration poétique montrent à quel point Krysinska se mit au centre des milieux intellectuels — surtout littéraires et musicaux — pendant la deuxième moitié du dix-neuvième siècle, qu'on ait voulu d'elle ou non. Et si elle fut exclue des cercles artistiques auxquels elle essaya tant d'appartenir, nous reconnaissons aujourd'hui que ses efforts ne furent pas en vain ; les études critiques récentes et cet ouvrage en sont les preuves.[64]

NOTE DE L'ÉDITEUR

Pour la première fois depuis plus d'un siècle, on trouvera ici les *Rythmes pittoresques*, poèmes qui déclenchèrent une si grande polémique au sujet de la création du vers libre en français que l'on a toujours du mal à en tirer une conclusion définitive. Nous avons essayé de présenter ces poèmes avec une annotation aussi réduite que possible ; il s'agit ici non pas d'expliquer toutes les innovations poétiques et toutes les nuances de chaque poème, mais plutôt de les présenter, telles qu'elles ont paru en 1890. De manière à ce que la mise en page des poèmes n'apparaisse pas trop surchargée, j'ai opté pour la présentation des notes concernant les versions antérieures, les variantes et les dédicataires des textes dans une section à part : « Notes », pages 117–35. Ont seules été portées en note de bas de page les notes qui accompagnaient l'édition originale des *Rythmes pittoresques* ainsi que les remarques portant sur les parties « Introduction » et « Dossier » de la présente édition.

J'ai une grande dette de reconnaissance envers ceux — parents, collègues et amis — dont l'aide m'a été indispensable. Aux Presses Universitaires d'Exeter, David Cowling a répondu à toutes mes questions de néophyte avec une amabilité remarquable, et les

---

64 Toute une génération de chercheurs étudie des aspects divers de l'œuvre de Krysinska ; pour les études les plus récentes, voir celles de Finch, Goulesque, Millot, Paliyenko, Schultz et nous-même (voir la bibliographie).

commentaires du lecteur anonyme ont amélioré cette édition de manière impressionnante ; Simon Baker s'est montré très patient avec mon manque de connaissances vis-à-vis du contrat ; et je remercie tous les autres membres de l'aimable équipe. Les conseils d'Adrianna Paliyenko et de Gretchen Schultz m'ont beaucoup aidé à bien voir l'importance de ce livre. Viviane Ducret a bien voulu regarder le tapuscrit avec beaucoup de soin ; les erreurs dans ce texte sont celles que j'y ai introduites après ses lectures. Pour leur aide, leurs mots de soutien et leur bonne humeur, je tiens à exprimer ma gratitude envers mes amis et collègues, surtout Luce Abelès ; Ed Ahearn ; François Caradec ; Philippe Dubois et Garett Heysel ; Alain-Philippe Durand ; Hervé Hilaire ; Sarah Hurlburt et Jack Iverson ; Marie-Chantal Killeen ; Mike Lawrence et Doug Wright ; Rosemary Lloyd ; Keith Martin ; Dennis Minahen ; Cat Sama ; Dave Schmoyer ; Bill Thomas ; et Jen Wilson et toute la famille Wilson-Gorton. Enfin ce travail n'aurait jamais été possible sans l'encouragement constant, depuis bien des années, de ma famille toute entière, surtout Ed Rosenberg et Bev Markarian ; Elinor et Sandy Liebesman ; Stephanie Rosenberg ; et Rebecca Whidden.

C'est à Becky et à Carter que je dédie ce travail.

S.W.

MARIE KRYSINSKA

RYTHMES

PITTORESQUES

MIRAGES

SYMBOLES — FEMMES — CONTES

RÉSURRECTIONS

PARIS

ALPHONSE LEMERRE, ÉDITEUR

23-31, PASSAGE CHOISEUL, 23-31

M DCCC XC

Nous désirons rappeler à ceux qui se sont intéressés aux derniers mouvements littéraires que l'auteur des *Rythmes Pittoresques* est le premier qui ait eu l'initiative de ces innovations prosodiques et aussi du retour vers le symbole — éternel élément d'art — qui était supplanté par le réalisme, le modernisme, le parisianisme et le *fumisme* à l'époque où Marie Krysinska publiait ses premiers vers libres (en 1882) dans le *Chat noir* et dans la *Vie moderne*.

Le journal le *Chat noir* réunissait l'élite des littérateurs militants de ce moment : Fernand Icres, Charles Cros, Rollinat, Léon Cladel, Emile Goudeau, G. Rodenbach, Jean Moréas, J. Lorin, Ed. Haraucourt, d'Esparbès, etc., et ces publications n'étaient sûrement pas ignorées ; d'ailleurs, Georges Duval en a cité dans l'*Evénement* en 1883.

Il y eut donc — de la part des confrères manifestants et propagateurs de symbolisme en 1885 — pas mal de perfidie à ne jamais prononcer le nom de Marie Krysinska lorsqu'ils faisaient le dénombrement de leur *groupe initial*.[*]

---

[*] Extrait des *Annales Artistiques et Littéraires*, 1er avril 1890 [note de l'édition originale].

PRÉFACE

Madame,

*Vous vous êtes trouvée à l'origine de ce mouvement littéraire
en révolte contre la perfection routinière et qui ébranla l'idole du
vers français classico-romantique. Sans manifester aucun
orgueil, révolutionnaire vous fîtes œuvre de réforme, œuvre
d'autant plus utile que vous n'avez pas uniquement détruit, que
vous écartez l'obscurité et le mensonge. Il est indubitable que
votre effort fut prosodique, je veux dire qu'il tendit à la consti-
tution d'un nouveau mode musical de la parole non chantée :
Votre prose rythmée possède une harmonie délicate ; l'euphonie
des mots, le système des assonances, la modulation de la période
et, d'autre part, la grâce, l'inattendu, la concentration, la saveur
des images ne laissent pas un instant de doute sur le caractère
nettement et bellement poétique de votre travail. Ce travail vint
à son heure : pour le juger, il faut qu'on se replace en 1882–83
époque où il* INNOVAIT.[*]

*L'œuvre que vous nous offrez ne sera certainement pas la
dernière, et l'on peut présumer qu'après avoir été des premières
à ouvrir la phase instrumentive (indispensable), vous serez (ou
plutôt vous resterez) une des premières à puiser dans le domaine
si large, si vaste de la pensée moderne. Les poètes de ce temps
sont, en effet, Madame, dévolus à une double tâche, l'une
préparatoire et que je crois prête à se clore, l'autre plus durable,
qui va commencer.*

---

[*] Madame Krysinska publiait en effet, en 1882 et 1883, époque où la rupture des
moules n'avait pas encore de partisans, des morceaux tels que « SYMPHONIE EN GRIS »,
BALLADE, LES BIJOUX FAUX, SYMPHONIE DES PARFUMS, CHANSONS D'AU-
TOMNE, BERCEUSE MACABRE, LE HIBOU, morceaux qui offrent la technique des vers
libres préconisés en ces derniers temps, par les détails de cadence, de modulation et
même de typographie qui caractérisent les essais des groupes rénovateurs ou pseudo-
rénovateurs contemporains [note de la préface originale, p. viii].

Car la poésie, vaincue par la prose, sa terrible rivale, semble vouloir faire effort désespéré pour reconquérir une partie de son ancienne importance. Comme tous les vieux empires elle s'est longtemps accrochée aux traditions de la gloire, aux lois et aux usages qui l'avaient faite maîtresse des Belles-Lettres et elle a fait rendre à ces choses ce qu'elles pouvaient. Repoussée de l'étude du contemporain, écrasée par la maëstria du roman, elle remporta des victoires dernières sur le domaine de la Tradition. Ainsi elle ralliait son origine, réapparaissait une mnémonique habile, fixatrice, conservatrice de ce qu'il y a de légendaire dans notre forte et positive civilisation. Mais ces victoires lui ont coûté: le vieux budget des métaphores et des cadences, des effets de nombre et de rime, le vieux budget s'y est tari :

Les cygnes, les lys, les papillons et les roses, les rossignols et les étoiles, les grands souffles de l'alexandrin, la jolie ciselure du sonnet, la grâce de la ballade, tout cela apparaît tellement fatigué en face de la merveilleuse jeunesse de la prose.

Pourtant la poésie prosodique n'est pas morte et ne doit point périr de sitôt ; j'estime qu'elle peut et doit évoluer, qu'elle doit traverser plusieurs phases encore avant de se fondre définitivement. A quelles conditions pourra-t-elle se sauver ? La première, l'essentielle, c'est qu'il se trouve un poète, un large et vigoureux cervau[1] qui s'attache à reconstituer une métrique et des cadres, ou plutôt, car cette métrique et ces cadres existent, qui veuille bien se servir des nouveaux moules pour y couler des chefs-d'œuvre. Notre génération ne perd donc pas son temps lorsqu'elle détruit les vieux systèmes, lorsqu'elle s'efforce de transformer l'emploi de la rime, de la cadence, du nombre ou de la forme, lorsqu'elle établit de frais dispositifs capables de remplacer les splendeurs surannées des types ou s'imprimaient l'ode et la chanson, l'épopée et l'élégie, le conte et la satire* . . .

Seulement, comme je l'ai dit ailleurs : la préoccupation unique d'innover dans la machinerie poétique serait un indice de misère, il est temps que l'ÊTRE se montre le créateur de pensées. Celui-là trouvera les voies et saura faire bénéficier le vers de cette liberté qu'il a reprise, rendre à la poésie son éternelle desti-

---

* Bien entendu et cette idée est celle des novateurs eux-mêmes, le mètre classique ne doit point nécessairement périr, mais il faut se résigner à n'y voir qu'UN mode prosodique et non plus LE mode prosodique [note de l'édition originale].

nation qui est d'exprimer harmonieusement soit de petites ou de grandes synthèses aux éléments bien connus, soit des émotions ou des tableaux extrêmes, mais toujours un bel ensemble fait pour se FIXER *ou, du moins, pour s'*ARRÊTER *durant une longue période dans la cervelle humaine. Tandis que la prose, plus propre à l'analyse, mieux faite pour la découverte pour l'effort continu, explorera les steppes et les forêts lointaines, travaillera d'abondance, elle, la poésie, fera valoir le domaine acquis, le circonscrira de rythmes musicaux, doux à la mémoire.*

Mais qu'on ne s'y trompe pas, qu'on ne s'imagine pas satis-faire l'intelligence et l'instinct contemporains avec les menus cris et les plaintes indigentes de la tradition classique, que l'on se hâte de sortir du FIGÉ, *qu'on introduise du vivant, qu'on renou-velle le stock des images et des métaphores, qu'on suive le mouvement progressif de la prose, qu'on craigne la mort orien-tale par l'excès d'entités, la stagnation chinoise dans l'allégorie ; que la poésie ne soit pas seulement le refuge des microcéphalies routinières, des chloroses et des infirmités, qu'elle ne se borne pas à des pessimistes d'avorton, à des anarchies exsangues de menteurs, à des prophéties et à des systèmes de tireuses de cartes de quartier populaire ; qu'elle ne recule pas devant la seule œuvre digne des puissants qui est de comprendre et de rendre l'extra-ordinaire époque où nous vivons, d'en accepter les problèmes ardus, l'admirable analyse scientifique et philosophique, sous peine de voir périr la prosodie jusqu'à l'heure où les prosateurs en auront lentement créé une nouvelle. « Je veux une prosodie rythmée », dit Flaubert. Et il ne le dit pas en vain.[2] La « Tentation » est un poème et aussi « Salambô ». Qui relèvera le gant ? Quelle grande âme euphonique viendra clore le cabo-tage des instrumentations craintives, et, en robuste navigateur, tendra sa voile au vent du large ?*

J. H. ROSNY.

I

MIRAGES

LA SOURCE[1]

A Maurice Donnay.[2]

Regards attristés
De réalités
    Laides !
O mes regards douloureux aussi
Des pleurs répandus —   5
    Comme un sang très pâle
Sur le sable des Cirques ; —

Regards, — infatigables pèlerins
Sur les chemins
    De la Beauté, —   10
Buvez les fraîches ondes
    De verte clarté
Pleuvante si tranquillement.
    Si joyeusement
    Au travers   15
De ces branches emmêlées :
    On dirait
Un doux firmament vert
    Etoilé
Des trous d'azur de l'éther.   20

        ★
     ★ ★

Quelle exquise symphonie !
Les jeunes pousses ont
    Le plumage tendre
Des poussins s'ébattant au soleil,
Dans les cours des fermes.   25

Et les pubères feuillages
Sont l'émeraude précieuse,
Dont la prodigue main des anges
        Broda le manteau du ciel.

Les troncs bruns des sycomores   30
Ont l'attitude chaste du sommeil
        Des bêtes
Aux brunes fourrures.

Les bouleaux souples
Dansent comme les almées   35
        Dans leurs blancs atours
Et les aimables lianes
Prennent dans leurs bras amoureux
        Les torses des puissants chênes.

                        ★
                    ★   ★

La Source aux yeux candides,   40
        A la chevelure verte,
Baigne dans l'eau ses cuisses de jade.

Sa gracieuse oreille de corolle
Ecoute le bruit délicat
Des herbes frôlées   45
        Par le lézard, —
Au milieu du calme extatique
        Des ramures. —

Et le regard rieur de ses yeux candides
Suit le manège des vertes grenouilles ;   50
Tandis que sa main charmante,
        Et claire comme un nénuphar,
Joue avec le collier de jolis cailloux luisants
        Qui murmure autour de son cou.

3 août 1889.

RONDE DE PRINTEMPS[1]

A Charles de Sivry.[2]

Dans le Parc, dans le Parc les glycines frissonnent,
Étirant leurs frêles bras —
Ainsi que de jeunes filles
    Qui se réveillent d'un court sommeil
    Après la nuit dansée au bal,   5
Les boucles de leurs cheveux
Tout en papillotes
Pour de prochaines fêtes —
    Dans le Parc.

Dans les Prés, dans les Prés les marguerites   10
   blanches
S'endimanchent, et les coquelicots
    Se pavanent dans leurs jupes
    Savamment fripées,
Mais les oiseaux, un peu outrés,
Rient et se moquent des coquettes   15
    Dans les Prés.

Dans les Bois, dans les Bois les ramures s'enlacent :
Voûte de Cathédrale aux Silences
Où le pas des Visions se fait pieux et furtif,
    Parmi les poses adorantes des Hêtres   20
    Et les blancs surplis des Bouleaux —
Sous les vitraux d'émeraude qui font
Cette lumière extatique —
    Dans les Bois.

Dans l'Eau, dans l'Eau près de joncs somnolents   25
Tremblent les étoiles plues du soleil
    Dans l'Eau,
Et la Belle tout en pleurs
Tombe parmi les joncs somnolents,
    Et la Belle   30
Meurt parmi la torpeur lumineuse des flots :
    La Belle Espérance
S'est noyée, et cela fait des ronds
    Dans l'Eau.

18 mai 1889.

LES FENÊTRES[1]

A François Coppée.[2]

Le long des boulevards et le long des rues elles étoilent les maisons ;

A l'heure grise du matin, repliant leurs deux ailes en persiennes, elles abritent les exquises paresses et emmitouflent de ténèbres le Rêve frileux.

Mais le soleil les fait épanouir comme des fleurs, — avec leurs rideaux blancs, rouges ou roses, —

Le long des boulevards et le long des rues.

Et tandis que la vitre miroite comme de l'eau dormante, que   5
de charme inquiétant et que de confidences muettes, entre les plis des rideaux blancs, rouges ou roses.

Les arabesques des guipures chantent les existences heureuses,

Les feux joyeux dans les cheminées,

Les fleurs rares aux parfums charrieurs d'oubli,

Les fauteuils hospitaliers où sommeillent les voluptueuses songeries et — dans la splendeur des cadres — les évocations de pays rêvés.

Mais comme ils pleurent les lamentables rideaux de   10
mousseline fanée,
   Que de plaintes et que d'angoisses dans le lambeau de percale
salie qui semble pris à un linceul ;
   Et comme elles sont tragiques les fenêtres sans rideaux, —
   Les fenêtres vides comme des yeux d'aveugles, —
   Où sur la vitre brisée, le morceau de papier collé plaque des
taies livides. . .

   Parfois pourtant elle est radieuse la pauvre fenêtre, au bord   15
du toit,
   Quand, pour cacher sa triste nudité, le ciel la peint tout en
bleu.
   Avec son pot de géranium chétif, elle semble alors — la
pauvre fenêtre, au bord du toit, — un morceau d'azur où
pousseraient des fleurs.

★

★ ★

   Le long des boulevards et le long des rues, elles étoilent les
maisons.
   Et quand le soleil se couche sur son bûcher incendié,
éclaboussant d'or et de sang l'horizon,
   Elles resplendissent comme des armures,   20
   Jusqu'à l'heure navrée, où, dans le recueillement de tous les
objets, l'obscurité tombe comme une neige noire, par flocons.

   Alors tous les miroitements s'éteignent ; toutes les couleurs
se confondent et s'effacent ;
   Seuls, les vitraux des églises, illuminés par quelque lampe
solitaire, rayonnent doucement, mystérieux et symboliques.

★

★ ★

Mais il s'éveille bientôt le Paris noctambule ;
Il ouvre ses millions d'yeux aux ardentes prunelles ;   25
Et dans la prestigieuse atmosphère du soir, les fenêtres revivent
Le long des boulevards et le long des rues.

La lampe suspend son globe familier : doux soleil qui fait fleurir les heures intimes ;
Les bougies des lustres reflètent, dans les glaces, leurs grappes joyeuses,
Et sur la vitre qui est d'opale, on voit glisser des ombres   30
fugitives, aux rythmes de musiques plus vagues que des souffles ;
Auprès, les fenêtres des maisons en construction s'ouvrent comme des bâillements de perpétuel ennui ;
Sous les combles, la pauvre chandelle grelotte, — cependant que le gaz braille aux entresols des restaurants,

★
★ ★

Et lueurs de lampes, lueurs de gaz, candélabres et chandelles — confondent leurs notes disparates dans une symphonie de rayons ;
Où la radieuse cantilène des heures bénies se mêle à la hurlante voix des gaîtés fausses,
Où, bruits de fêtes, bruits de baisers se mêlent aux râles des   35
solitaires agonies, et aux clameurs de la débauche lugubre.

★
★ ★

Puis l'heure silencieuse et froide vient éteindre lumières et bruits.
Seul le pas régulier d'un sergent de ville va et vient sur le trottoir sonore, sous les fenêtres qui s'endorment comme des yeux lassés

Le long des boulevards et le long des rues.

Novembre 1883.

PLEINE MER[1]

A Théo Poilpot.[2]

    Du fond des caveaux de tristesse —
Que surplombe l'Irrémédiable ainsi qu'une voûte, —
    Du fond des caveaux de tristesse
Où vous êtes, de deuil vêtue
        Et toute   5
Pleurante descendue —
        Mon âme !
Souvenez-vous de ce retour enivré,
Dans les larges floraisons de clarté,
Et dans le puissant vent frais   10
        Qui chantait.

C'était comme de glorieuses plaines après de fabuleux combats,
    où les boucliers des héros morts — resplendissaient au soleil.

L'horizon monte éperdu
Et surgissent des montagnes de jade et de marbre noir
S'abîmant aussitôt avec une formidable voix   15
Dans le natal chaos.
Et montent de géantes murailles de fer
Vers le ciel projetées en superbes élans
Puis retombent aux gouffres ;

Tandis que les nymphes effrayées   20
Courent dans les glauques ravins, traversés des éclairs blancs
    de leurs tuniques,
Semant les perles de leurs parures
En impondérables avalanches.

Le joli cri des mouettes grises
Égaie le ciel gris comme les ailes   25
        Des mouettes grises.

Ce sont maintenant de bleues prairies
Aux paissantes chèvres blanches

Alors que de libres chevaux
Bondissent, les crinières envolées   30

Et voici s'ouvrir dans un ciel de conque précieuse, la divine
    porte
Menant aux éternels Palais.
Les obliques rayons d'un soleil tranquille ont dressé des gradins
Sur les nuages asservis
Et voici s'ouvrir la divine porte   35
Menant aux éternels Palais.

L'or prodigué descend en fluides draperies
            Et les vertes transparences
Se pavoisent d'or prodigué
            Et les vertes transparences
Se constellent de saphirs, d'opales et d'escarboucles —   40

            Et monte un chant recueilli
            Aux profondes Orgues
C'est l'immortelle Beauté, prêtresse
Qui parée ainsi de lueurs   45
Célèbre les rites sacrés.

            Mais bientôt vaincue par le charme
            Apaisant de ce soir —
Où l'or prodigué descend en fluides draperies —
            Sereine, Elle se couche pour le sommeil   50
            Et sa poitrine respirante
            Se soulève, émue d'un prodigieux rêve.

            Les vertes transparences
Se sont noyées aux profondeurs
Qui roulent maintenant dans leurs noirs replis   55
            Les Vertiges sonores.

La Nuit conquérante
Est venue
Et l'on voit onduler la traîne
De sa robe frangée d'humides étoiles   60
Puis disparaître.

     Voici poindre au loin
       Les Phares.

SYMPHONIE EN GRIS[1]

A Rodolphe Salis.[2]

Plus d'ardentes lueurs sur le ciel alourdi,
Qui semble tristement rêver.
Les arbres, sans mouvement,
Mettent dans le loin une dentelle grise. —
Sur le ciel qui semble tristement rêver,   5
Plus d'ardentes lueurs. —

Dans l'air gris flottent les apaisements,
Les résignations et les inquiétudes.
Du sol consterné monte une rumeur étrange, surhumaine.
Cabalistique langage entendu seulement   10
Des âmes attentives. —
Les apaisements, les résignations, et les inquiétudes
Flottent dans l'air gris. —

Les silhouettes vagues ont le geste de la folie.
Les maisons sont assises disgracieusement   15
Comme de vieilles femmes —
Les silhouettes vagues ont le geste de la folie. —

C'est l'heure cruelle et stupéfiante,
Où la chauve-souris déploie ses ailes grises,
Et s'en va rôdant comme un malfaiteur. —   20
Les silhouettes vagues ont le geste de la folie. —

Près de l'étang endormi
Le grillon fredonne d'exquises romances.
Et doucement ressuscitent dans l'air gris
Les choses enfuies.   25

Près de l'étang endormi
Le grillon fredonne d'exquises romances.
Sous le ciel qui semble tristement rêver.

4 novembre 1882.

MIDI[1]

I

MIDI

A Georges d'Esparbès.[2]

Le firmament luit comme un cimeterre
Et les routes sont pâles comme des mortes.

Les Vents — allègres paladins —
Sont partis devers
     Les mers ;   5
Montés sur les éthéréens chevaux
Au fier galop de leur sonnants sabots
Ils sont partis devers
     Les mers.

Une paix maléfique plane comme un oiseau   10
Faisant rêver de mort le plaintif olivier
Et de forfaits le figuier tenace
Dont le fruit mûr se déchire et saigne.

Les sources — comme elles sont loin !
Et les Naïades —   15
     Où sont-elles ?

Mais voici — joie des yeux —
Près de la roche courroucée
Le petit âne gris
     Mangeur de chardons.   20

Nice.

II

LES ROCS

A Jules Guérin.[1]

Vous êtes pareils aux cœurs fiers en détresse
O rocs ! dressés au bords de cette mer implacable et tendre.
Bleue, comme l'œil bleu des enfants : — tendre et implacable.

Quelles Résignations longues
Ont creusé le calme de vos grottes ? —   5
Où dorment les pleurs stagnants dans les citernes. —
En quelles inconjurables Colères
Se sont heurtées vos poitrines ?
              Et confondues :
Chaos croulant   10
De chairs sanglantes et d'ossements noircis

Pour quels Refuges d'âmes harassées
              Pour quels Refuges
Ces inexpugnables Châteaux
Posés sur vos fronts ainsi que des couronnes ?   15
Pour quels Refuges ces Châteaux
              Plus forts que le Temps !

Cités endormies
Sous l'aile arrêtée des Nuées !
Quel monstrueux Népenthés vous versa ce Rêve ?   20
Et quels souvenirs d'un Jadis avant les Ages
Vous font cette attitude de stupeur ?
Auprès de la mer — tendre et implacable ?. . .

Monte-Carlo.

III

HORIZONS[1]

A Alfred Rambaud.[2]

Les âpres mâchoires des rochers
Ont dévoré le déclinant soleil
Et la peau aux lourdes rides —
La rude peau des monstres accroupis —
S'éclabousse du sang rose   5
Que répandit le déclinant soleil.

C'est l'Heure épanouie comme une large Fleur
Où le ciel attristé semble prendre en ses bras
Les monts, les arbres et la mer
Pour d'intimes communions   10
          A l'horizon perdu.

L'olivier pleure aux bords des routes ;
Et tout là-bas dans la vallée
Sonnent les gaies couleurs des toitures.

Mais, voici reparaître la montagne — Reine   15
Qui porte dans les plis de son long manteau
Les forêts, les vignes et les villes —

Puis, la mer seule
Et dans le beau ciel d'or mourant
Les grandes vagues immobiles   20
          Des Alpes au loin.

Route de la Corniche.

EFFET DE SOIR[1]

A J.-H. Rosny.[2]

Et je revis le vieux jardin oublié,
Ingratement oublié, depuis les jours clairs et monotones —
    d'enfance.
Mais ce ne furent point les souvenirs de ce gris matin —
Si gris et pourtant si clair —

Que je retrouvais au fuyant des allées   5
    De ce vieux jardin oublié.

Sur un royal couchant les marronniers étendaient
Leur tapisserie de haute lice.

Ce furent des Midis déments les démentes heures
Et les espérantes Envolées des jours proches —   10
    Si lointains ! —

Qui se levaient ainsi que des Ombres maudites
    De leurs tombeaux ;
Et je crus entendre leurs connues antiennes, —
    Menteuses antiennes. —   15
Mais c'était seulement un crapaud
    Qui radotait.

Rythmes endormis dans les branches,
Gazon morose !
Heure pleurante comme une veuve,   20
Contagieuse douleur
    Des choses !

Or tandis que j'allais dans tout ce paysage,
Par les Ténèbres conquis ;
Je vis, seules rayonnantes, comme des étoiles tombées ; —   25
Comme des étoiles sur le gazon morose, —
    Apparition tranquille :
    De blanches Chrysanthèmes.

CHANSON D'AUTOMNE[1]

A Charles Henry.[2]

Sur le gazon déverdi, passent — comme un troupeau
d'oiseaux chimériques — les feuilles pourprées, les feuilles d'or.
Emportées par le vent qui les fait tourbillonner éperdûment. —
Sur le gazon déverdi, passent des feuilles pourprées, les
feuilles d'or. —

Elles se sont parées — les tristes mortes — avec une suprême
et navrante coquetterie,
Elles se sont parées avec des tons de corail, avec des tons de   5
roses, avec des tons de lèvres ;
Elles se sont parées avec des tons d'ambre et de topaze.

Emportées par le vent qui les fait tourbillonner éperdûment,
Elles passent avec un bruit chuchoteur et plein de souvenirs.
Les platanes tendent leurs longs bras vers le soleil disparu.

Le ciel morose pleure et regrette les chansons des rossignols ;   10
Le ciel morose pleure et regrette les féeries des rosiers et les
fiançailles des papillons ;
Le ciel morose pleure et regrette toutes les splendeurs
saccagées.

Tandis que le vent, comme un épileptique, mène dans la
cheminée l'hivernal orchestre,
Sonnant le glas pour les violettes mortes et pour les fougères,
Célébrant les funérailles des gardénias et des chèvrefeuilles ;   15

Tandis que derrière la vitre embuée les écriteaux et les
contrevents dansent une fantastique sarabande,
Narguant les chères extases défuntes,
Et les serments d'amour — oubliés.

14 décembre 1882.

II

SYMBOLES

LES BIJOUX FAUX[1]

A Georges Duval. [2]

Je rêvais que je me promenais en un jardin merveilleux.

Dans la clarté des lampes allumées, s'épanouissaient des roses en satin et des camélias de velours.
Les feuilles étaient en fin papier luisant,
Et les tiges de laiton, soigneusement enveloppées de ouates et de taffetas, —
Étaient d'un vert radieux et s'élançaient avec des poses   5
gracieuses, —

Dans la clarté des lampes allumées ; —

Et parmi cette floraison étrange — de roses roses, de roses bleues et de feuilles en fin papier luisant —
Étaient suspendus des colliers de *fausses* pierres précieuses.

Pareils à des gouttes de vin et pareils à du sang, étincelaient de faux rubis — et clignotaient comme des yeux les émeraudes en verre.
Les saphirs bleus comme des flammes de punch flambaient   10
à côté des grains de corail *trop* rouges et semblables aux lèvres teintées de carmin.
La turquoise en porcelaine mettait sa note mate auprès des changeantes opales ;

Et dans cette féerie de pacotille, au milieu des étoiles en doublé, et des lunes en papier d'argent mon spleen inquiet s'endormait comme un enfant malade qu'on berce.
Et j'oubliais les roses vraies, les roses, filles des bleus matins, pour ces roses artificielles.
Et pour ces lunes en papier d'argent, j'oubliais la lune amie des rêveurs qui vont par les soirs parfumés, accablés d'une incurable nostalgie.

Des faux rubis étincelants pleuvait une lumière ardente qui   15
étourdissait.
Le pâle reflet des turquoises charmait comme un coin du ciel.
Et les émeraudes en verre faisaient songer aux énigmatiques
profondeurs des flots.

★

★   ★

Souvent, hélas ! le cœur où notre cœur s'est réfugié,
Est un jardin merveilleux où s'épanouissent des roses en satin
et des camélias de velours,
Où étincellent — pareils à des gouttes de vin et pareils à du   20
sang, — de faux rubis, auprès des turquoises en porcelaine,
dont le pâle reflet charme comme un coin du ciel.

Je rêvais que je me promenais en un jardin merveilleux.

30 juin 1883.

VILLANELLE[1]

A E. Mesplés.[2]

Vous êtes la grâce jeune des matins
Et le clair rire des flûtes pastorales
    Roses fleuries !

Mais le charme des tristesses très chères est en vous
Et, notes de clavecins, s'évanouissent vos pétales   5
    Roses fanées !

Vous êtes revêtues des robes d'aurore
Et, des tendres nuées d'Avril s'illuminent vos seins
    Roses fleuries !

L'or mélancolique des couchants d'Automne   10
A mis sa beauté dans vos cœurs mourants
    Roses fanées !

Vos parfums sont l'ivresse neuve des étreintes
L'allégresse de vivre et l'extatique encens
    Roses fleuries !   15

Mais, dans les Urnes pieuses de vos défunts calices
Repose l'immortel arôme du Souvenir
    Roses fanées !

22 février 1890.

LE CALVAIRE[1]

A Raoul Gineste.[2]

De la lande attristée vers le ciel d'or glorieux
Monte la vieille Croix de pierre
Aux héroïques bras, jamais lassés
De leur geste large ouvert, et sur qui les averses
Ont mis l'offrande des mousses.　　　　　　　　　5

Et tous à genoux sur l'herbe rare
Courbant leurs pesantes échines, —
　　　　Comme font les bœufs au labour, —
Ils prient et ils pleurent les admirables Humbles,
　　　　Les enviables Humbles ;　　　　　　　10
Ils pleurent sans rancune, ils prient sans colère,
A genoux sur l'herbe rare
De la lande attristée — vers le ciel d'or glorieux.

Voici nos douleurs, ô Christ
　　　　Qui aimes la douleur ;　　　　　　　15
Bois nos larmes, Dieu
　　　　Qui te plais aux larmes !
Voici nos misères
Et voici nos deuils
Et l'opaque fumée de notre malice　　　　　　20
Qui monte vers Ta Face, ainsi
Que la fumée des entrailles sanglantes
D'un bouc égorgé pour le sacrifice.

　　　　Et le crépuscule monte de la terre —
　　　　Comme une vapeur d'encens　　　　25
　　　　Monte de l'encensoir —
Une miraculeuse Paix efface l'horizon
Et s'épand ainsi qu'une fraîche pluie
　　　　Sur l'aride cœur qui souffre.

Et, dans l'ombre commençante   30
La vieille Croix agrandie
    Semble unir le sol au zenith —
Comme un Pont jeté
Sur les éthéréennes ondes —
Comme un sublime et symbolique Pont, menant   35
De la lande attristée — vers le ciel d'or glorieux.

1888.

SYMPHONIE DES PARFUMS[1]

A Madame Dardoize. [2]

Je veux m'endormir dans le parfum des roses fanées, des sachets
vieillis, des encens lointains et oubliés. —
Dans tous les chers et charmeurs parfums d'autrefois. —
Mes souvenirs chanteront sur des rythmes doux, et me
berceront sans réveiller les regrets.
Tandis que le morne et spléenétique hiver pleure sur la terre
inconsolée,
Et que le vent hurle comme un fou,   5
Tordant brutalement les membres grêles des ormes et des
peupliers,
Je veux m'endormir dans le parfum des roses fanées,
Des sachets vieillis, des encens lointains et oubliés.

Et les rythmes et les parfums se confondront en une subtile et
unique symphonie ;
Les roses fanées se lèveront superbes et éclatantes,   10
Chantant avec leurs lèvres rouges les vieilles chansons aimées ;
Elles s'enlaceront aux pâles jasmins et aux nénuphars couleur
de lune ;
Et je verrai passer leurs ombres miroitantes, comme en une
ronde des robes de jeunes filles.

Les clochettes des liserons chanteront avec leurs parfums
amers — les mortelles voluptés ;
La violette à la robe de veuve dira les tendresses mystiques et   15
les chères douleurs à jamais ignorées ;
L'héliotrope avec son parfum vieillot et sa couleur défraîchie,
fredonnera des gavottes, ressuscitant les belles dames
poudrées qui danseront avec des mouvements lents et
gracieux.

Musc minuscule et compliqué comme une arabesque,
Scabieuse, — reine des tristesses,
Opoponax dépravé comme une phrase de Chopin,
Muguet, — hymne à la gloire des séraphiques fraîcheurs,   20

La myrrhe solennelle, le mystérieux santal,
L'odeur du foin coupé, — sereine et splendide comme un soleil
    couchant,
Iris où pleure l'âme des eaux dormantes,
Lilas aux subtils opiums,
L'amoureuse vanille et le chaud ambre gris   25

S'uniront en des accords grondants et berceurs — comme les
    orgues et comme les violons
Évoquant les visions cruelles et douces
Les extases évanouies, — les valses mortes, — les cassolettes
    éteintes et les lunes disparues.

Tandis que le morne et spléenétique hiver pleure sur la terre
    inconsolée ;
Et que le vent hurle comme un fou, tordant brutalement les   30
    membres grêles des ormes et des peupliers,
Je veux m'endormir dans le parfum des roses fanées, des sachets
    vieillis, des encens lointains et oubliés.

1881.

BERCEUSE MACABRE[1]

A Maurice Vaucaire.[2]

— Qu'elles sont cruelles et lentes, les heures !
Et qu'il est lourd — l'ennui de la mort !
Qu'elles sont cruelles et lentes, les heures.
Les heures silencieuses et froides, qui tombent dans
l'Éternité, comme des gouttes de pluie dans la mer.
Donne-moi la main, ô ma sœur, et viens sous la Lune   5
calmante, parler de *ceux* que nous avons laissés seuls quand
nous sommes descendues dans la tombe.

— Un sommeil très lourd m'engourdit, et je fais un rêve qui
durera toujours ; — rendors-toi, ma sœur, — nos aimés nous
ont oubliées,

— J'ai mis mon cœur dans son cœur et je suis sienne à travers
la Mort.

— Ces murs sont hauts, et la terre des vivants est loin ; —
rendors toi, ma sœur.

— J'ai senti des diamants humides tomber sur ma bouche
desséchée, — c'est mon ami qui pleurait.

— Rendors-toi, pauvre sœur ; — c'est la pluie qui violait ton   10
cercueil.

— O Souvent j'entends des sanglots lointains ; — c'est mon
aimé qui gémit, hanté par nos chers souvenirs.

— Non, c'est le hibou qui jette un cri dans la nuit
profonde ; — profonde comme nos tombeaux, et comme l'oubli
de ceux qui nous avaient aimées ; — rendors-toi, ma sœur.

2 décembre 1882.

LE HIBOU[1]

A Maurice Rollinat.[2]

Il agonise, l'oiseau crucifié, l'oiseau crucifié sur la porte.
Ses ailes ouvertes sont clouées, et de ses blessures, de grandes
perles de sang tombent lentement comme des larmes.
Il agonise, l'oiseau crucifié !

Un paysan à l'œil gai l'a pris ce matin, tout effaré de soleil
cruel, et l'a cloué sur la porte.
Il agonise, l'oiseau crucifié.   5

Et maintenant, sur une flûte de bois, il joue, le paysan à l'œil
gai.
Il joue assis sous la porte, sous la grande porte, où, les ailes
ouvertes, agonise l'oiseau crucifié.

Le soleil se couche, majestueux et mélancolique, — comme
un martyr dans sa pourpre funèbre ;
Et la flûte chante le soleil qui se couche, majestueux et
mélancolique.

Les grands arbres balancent leurs têtes chevelues,   10
chuchotant d'obscures paroles ;
Et la flûte chante les grands arbres qui balancent leurs têtes
chevelues.

La terre semble conter ses douleurs au ciel, qui la console
avec une bleue et douce lumière, la douce lumière du
crépuscule ;
Il lui parle d'un pays meilleur, sans ténèbres mortelles et sans
soleils cruels, — d'un pays bleu et doux comme la bleue et
douce lumière du crépuscule ;
Et la flûte sanglote d'angoisse vers le ciel, — qui lui parle d'un
pays meilleur.

Et l'oiseau crucifié entend ce chant,   15
Et oubliant sa torture et son agonie,
Agrandissant ses blessures, — ses saignantes blessures, —
Il se penche pour mieux entendre.

★

★　★

Ainsi es-tu crucifié, ô mon cœur !
Et malgré les clous féroces qui te déchirent,   20
Agrandissant tes blessures, tes saignantes blessures,
Tu t'élances vers l'Idéal,
A la fois ton bourreau et ton consolateur.

Le soleil se couche majestueux et mélancolique.
Sur la grande porte, les ailes ouvertes, agonise l'oiseau   25
crucifié.

26 mai 1883.

NAISSANCE D'APHRODITE[1]

A Théodore de Banville.[2]

Les plaines, les sombres plaines de la Mer
Frissonnent opprimées par le courroux des cieux
        Mélancoliques jusqu'à la mort
Et déchirés des glaives brillants de l'éclair ;

Les Vents sifflent ainsi que des serpents blessés ;   5
Le Flot révolté, le Flot hurlant et sanglotant
Se débat, mordu d'antiques Désespoirs.

Et ce sont à présent
De sinistres chevauchées d'armures
Et le fracas des chocs et les cris d'agonie   10
Par les plaines, les sombres plaines de la Mer.

Toutes les Colères divines, tous les humains Tourments,
Grondent parmi ces Voix redoutables et tristes,
Grondent dans toutes ces Bouches écumantes,
Et tous les pleurs des Dieux, toutes les larmes des Hommes,   15
Roulent en ces flots révoltés, ces flots hurlants et sanglotants.

Par les plaines, les sombres plaines de la Mer.

                        ★
                    ★   ★

Or, voici naître la Déesse,
Aphrodite ingénue et terrible.

Elle pose sur la poitrine gémissante du Gouffre,   20
— Que torture la tempête implacable —
Ses pieds plus implacables encore
Et aussi doux que des caresses
        Longtemps souhaitées,
Ses beaux pieds blancs rapides comme des ailes.   25

Et les vagues conquises
Portent l'offrande de leurs perles mouillées
Vers Ses hanches intrépides,

Et vers Ses cuisses, recélant
Toute la chaste beauté des bêtes,   30
Et tout le don divin des chers délires.

Les reflets du ciel illuminé soudain
Et les reflets de l'eau devenue radieuse,
          S'unissent en accords de riches clartés
Sur la gloire tranquille de Son ventre.   35

Sur le torse immortel où palpite
La dangereuse et sublime Source des Extases.

Et sur les seins aigus comme des glaives,

Les reflets du ciel et de l'eau radieuse,
          Ornent d'azur et d'or   40
Les bras aussi candides que des lys
S'abandonnant inertes de langueur,

Les épaules puissantes et charmantes
          Qui sont comme fléchies
Sous le poids formidable de leur Royauté.   45

Mais plus éblouissant que tout le ciel illuminé,
Plus radieux que l'eau radieuse,
          Est le clair visage d'Aphrodite.

Sa forme est pure comme une pure idée,
Et les miraculeuses lumières des prunelles   50
Sont brillantes comme au travers d'intarissables pleurs.

Malgré le sourire ambigu
Qui près des joues volète
          Ainsi qu'une abeille
Vers le miel enivrant des lèvres.   55

Et, toute la mer apaisée,
Se prosterne devant
    La grande Reine
Victorieusement surgie du fond de la tourmente.

    Tandis que sur le ciel,   60
Flambe sa chevelure comme une torche ardente.

III

FEMMES

ÈVE[1]

A Maurice Isabey.[2]

Ève au corps ingénu lasse de jeux charmants
Avec les biches rivales et les doux léopards
Goûte à présent le repos extatique,
Sur la riche brocatelle des mousses.

Autour d'elle, le silence de midi   5
Exalte la pamoison odorante des calices,
Et le jeune soleil baise les feuillées neuves.

Tout est miraculeux dans ce Jardin de Joie :
Les branchages s'étoilent de fruits symboliques
Rouges comme des cœurs et blancs comme des âmes ;   10

Les Roses d'Amour encore inécloses
              Dorment au beau Rosier ;
Les lys premiers nés
Balancent leurs fervents encensoirs
              Auprès   15
Des chères coupes des Iris
Où fermente le vin noir des mélancolies ;

Et le Lotus auguste rêve aux règnes futurs.

Mais parmi les ramures,
C'est la joie criante des oiseaux ;   20
       Bleus comme les flammes vives du Désir,
       Roses comme de chastes Caresses
       Ornés d'or clair ainsi que des Poèmes
Et vêtus d'ailes sombres comme les Trahisons.

Ève repose,   25
Et cependant que ses beaux flancs nus,
    Ignorants de leurs prodigieuses destinées,
Dorment paisibles et par leurs grâces émerveillent
La tribu docile des antilopes,

Voici descendre des plus hautes branches   30
Un merveilleux Serpent à la bouche lascive,
    Un merveilleux Serpent qu'attire et tente
La douceur magnétique de ces beaux flancs nus,

Et voici que pareil à un bras amoureux,
Il s'enroule autour   35
    De ces beaux flancs nus
Ignorants de leurs prodigieuses destinées.

ARIANE[1]

A Jean Moréas.[2]

Trêve aux plaintes, assez de sanglots ;
Ce triste cœur est dévasté de larmes ;
Et devenu pareil à un champ de combat,
Où la trahison de l'amant —
Sous son glaive aux éclairs meurtriers —   5
Coucha toutes les jeunes et puissantes joies
        Mortes, baignées dans leur sang.

Et parmi tes roches plus clémentes
Que l'âme criminelle de Thésée,
Sur ton sol muet, ô farouche Naxos !   10
        Ariane s'endort ;
Tandis que sur la mer complice,
A l'horizon s'effacent
        Les voiles blanches des trirèmes.

Elle dort. Les mélancoliques roses   15
        Nées sous les pleurs,
Font albatréen son beau visage.
Et sur ses bras nus, aux joyaux barbares,
Frémissent les papillons d'ombre saphirine,
Que projettent les sapins   20
        Dans le soir tombant. —
Le ciel a revêtu ses plus riches armures
        D'or et de bronze.

★
★ ★

Mais, voici approcher le char
        Et retenir les sistres ;   25
Et voici le Dieu charmant
        Dionisos,
Couronné du gai feuillage
        Pris à la vigne sacrée.
Et, cependant que l'agreste troupe   30
        Des Faunes et des Satyres
Demeure auprès des outres pleines,
Dionisos approche.

Sa nudité a la grâce triomphale
De l'impérissable jeunesse ;   35
Et sa chevelure de lumière
S'embaume des aromates
        Conquis aux Indes lointaines.

Au rythme prestigieux de sa marche,
        Ses cuisses de héros   40
Ont l'ondoyance voluptueuse des vagues ;
Et le geste de son bras victorieux qui porte
        Le thyrse saint
Montre la toison fauve de son aisselle,
Attestant l'androgyne nature   45
        De l'Animale — Divinité.

            ★
        ★   ★

Ariane endormie est pareille
A une neigée de clairs lotus.

Le Dieu ravi
S'émeut de délire célestement humain ;   50
Et sa caresse comme un aigle s'abat
Sur le sein ingénu de la dormante belle,
        Qui s'éveille alors.

Mais la flamme des yeux noirs
Du Dieu qui règne sur les sublimes ivresses   55
A consumé dans le cœur d'Ariane
      Les douleurs anciennes ;
Et séduite, elle se donne
      Aux immortelles amours
Du Dieu charmant   60
      Dionisos.

HÉLÈNE[1]

A Eugène Ledrain.[2]

Aux jardins fleuris de lauriers roses
      Et parmi les vasques
Où tombent les doux pleurs des fontaines
Echappées au rire hiératique
      Des masques,   5
Hélène, aux yeux charmants, promène
      Une indolente songerie.

Par instants, elle s'arrête
      Près des blancs gradins
Menant des jardins fleuris   10
Dans l'ancestral palais de Priam ;
Et cueille, distraite,
      Les odorantes roses
Dont les lourds bouquets s'épanchent
      Vers les blancs gradins ;   15
Ainsi, le flot rose d'un vin de Syracuse
      S'épanche des cratères pleins,
Que des mains ivres inclinent.

Sa tunique d'azur délicat
Est retenue   20
Sur l'épaule nue
        Couleur de colombe
Par de riches agrafes ouvrées.

Et sur ses pieds blancs,
        Comme la blanche laine des agneaux   25
Tombent les plis droits et souples
De sa tunique d'azur délicat.

                              ⋆
                            ⋆ ⋆

Le tumulte lointain du combat,
        Qui jette sur la terre sanglante
        Les héros mourants sous les murs de Troie ; —   30
        Parmi le bruit terrible des boucliers
              Et des lances heurtées ; —
Le tumulte lointain du combat
              Arrive confus : —
Tel un grondement d'écluses ouvertes   35
Précipitant les ondes
              D'un fleuve furieux. —

Hélène, avec une nonchalante grâce, s'est assise
Sur le marbre pâle d'un banc réfugié
        Dans l'ombre des lauriers roses ;   40

Et, tandis que sa main enfantine mêle
A ses beaux cheveux les odorantes roses,
Elle rêve, l'oreille vaguement importunée
Par le tumulte lointain du combat.

MARIE[1]

A Catulle Mendès.[2]

La jeune fille nazaréenne amoureusement rêve
Elle rêve aux exploits sans pareils
      De l'admirable Jéhovah.

    — C'est lui — dit-elle dans son cœur tremblant —
      Qui exhaussa   5
Par la seule force de son Verbe
Les murailles d'azur qui supportent son ciel.

C'est lui qui enchaîna la mer farouche
      La mer gémissante éternellement
La mer écumante de sa révolte vaine.   10

    — C'est lui — dit-elle dans son cœur brûlant —
      Qui délivra
Son peuple choisi de la dure peine
      Au pays d'Egypte, au pays d'exil,

Et c'est son invincible valeur qui triompha   15
Des Amalécites[3] ennemis de son nom glorieux

★

★ ★

La jeune nazaréenne amoureusement rêve

Et le poids accablant
D'une Humilité surhumaine
      Fait incliner son front charmant   20

     Or, l'Ange annonciateur paraît à ce moment
Et lui dit : « Salut, Marie,
      Dans tes flancs tu porteras ton Dieu. »

MAGDELAINE[1]

A Arsène Houssaye.[2]

L'air est plus opprimant par ce soir d'orage
Dans le creux de roche où Magdelaine pleure —
Et des pierres émane une odeur de tristesse.

       Loin sont les jours
Où sa victorieuse beauté   5
       Lui était
       Comme une couronne
Et l'éclat astral de ses yeux
       Comme une gloire —
Un deuil cruel et cher la possède pour jamais. —   10

       Loin sont les jours
Où la radieuse éblouissance de son corps
       Se constellait d'orfèvreries —
Et ses beaux bras se plaisaient aux anneaux
Amoureux de leur contour.   15

Son âme est blessée d'une sainte tendresse
Et toute ployante sous le poids du charme —
       O torturant charme ! —
De la Voix bonne
Et de la bonne Parole   20
Qui s'est tue dans la Mort,
Mais qu'elle entend toujours.

Et pour rendre ses pensers douloureux
       Plus navrés,
Les souvenirs maudits clament   25
       Ainsi qu'un vent de rafale ; —

Oh ! le rire de ces flûtes entendues
       Dans les nuits damnées !

Alors que couronnée de roses
    Et la gorge nue, —   30
Ivre des arômes de sa fastueuse chevelure, —
Elle se renversait aux bras enlaçants
    D'amants. . .

Oh ! le rire de ces flûtes !

Que l'air est opprimant   35
Dans le creux de roche
Où maintenant elle pleure.

Un deuil cruel et cher
La possède pour jamais —

Mais dans la lueur de ce soir d'orage   40
Sa chevelure
Est rose.

IV

CONTES

LA REINE DES NEIGES[1]

A Mlle Renée de Riny.[2]

Je garde la mémoire fidèle
Des vieux contes, contés
Par les bonasses vieilles
    Si bonasses et si vieilles.
Elle me semblaient avoir au moins mille ans   5
Car l'œil d'un enfant s'effare devant
    Les rides.

                    ★

                ★   ★

Dans un Pays, très loin — très loin,
La Reine des Neiges en robe de givre
Couronnée d'étoiles Polaires,   10
Habite un vaste et froid Palais
Aux murailles de glace
Que la Lumière Boréale
    Orne de sanglantes panoplies.
Le Trône est tout de clairs joyaux :   15
Frêles colonnettes de stalactites
Et puissantes assises
    De cristal frigide.

Et la Reine aux lents gestes pacifiants
Commande aux Vents Hyperboréens[3]   20
Qui s'en vont porter le blanc trésor
    Des bonnes Neiges
A toute la terre transie
    Le blanc et doux trésor
    Des douces neiges,   25
Pour qu'elles couvrent les champs engourdis
Et fassent sur les routes désolées
    Des tapis propices
    Aux pas des errants.

Elle envoie le voile éblouissant   30
        Des chastes Neiges
A la frissonnante nudité des branches
D'arbres, orgueilleux naguère
        De leurs robes vertes ;
Et le trésor des immarcessibles Neiges   35
Aux chaumières grises
Qui par sa grâce deviennent
Vêtues de splendeur.

Elle envoie le don munificent
        Des Nuptiales Neiges,   40
Qui se font miraculeux décor
Dans les campagnes silencieuses,
Où la Fée de la Nuit mène sous la lune
Le cortège des amoureuses Fêtes —
Parmi les prés devenus pareils   45
A des océans de blancheurs
Diamantés d'étoiles. —

Et, sur les champs, les bois et les villes,
Du haut du pâle ciel,
C'est Elle qui ordonne   50
        Aux légères Neiges
De tomber : plumes d'oiseaux blancs
Et faire des lits au long Sommeil sans rêves
Pour les attristés qui tendent leurs bras
Lassés, vers la clémente Mort.   55

Et voici qu'un jour
De trois points du monde
Trois voyageurs y sont venus ;

Le premier était un Poète
Et il dit : Reine des Neiges   60
Donne-moi un cœur de glace,
Car ma mie
    Est trop méchante
    Et que je chante
Mes plus jolies chansons ;   65
    Ou que je pleure
    Les plus tristes pleurs
    De mon cœur,
Jeu est pour elle
Ma peine ;   70
    Quand plus ne l'aimerai
    De merveilleux chants chanterai
Donne-moi un cœur de glace
    Reine des Neiges.

Le second était un chevalier   75
Et il dit : Reine des Neiges
Donne-moi un cœur de glace,
Car lorsque en guerre je pars
Femme et petits pleurants
Me fendent l'âme   80
Et font trembler mon épée dans ma main ;
    Si plus personne n'aimais
    De gloire me couvrirais —
Donne-moi un cœur de glace
    Reine des Neiges.   85

Le troisième était un Juif[4]
Et il dit : Reine des Neiges
Donne-moi un cœur de glace,
Pour que plus jamais
La plainte des Piteux   90
Que je dépouille
Ne m'importune ;
    Quand plus aucun remords n'aurai
    Encore plus d'or amasserai —
Donne-moi un cœur de glace   95
    Reine des Neiges.

Et la Reine des Neiges
Leur donna trois jolis cœurs de glace
Et ils s'en furent contents

Mais voici qu'un jour   100
Des trois points du monde
Les trois voyageurs
Y sont revenus.

Le Poète dit : Reine des Neiges
Prends mon luth, je n'en ai plus que faire —   105
Depuis que j'ai un cœur de glace
              Je ne peux plus chanter.

Le chevalier dit : Reine des Neiges
Prends mon épée ; je n'en ai plus que faire —
Depuis que j'ai un cœur de glace   110
              Je n'ai plus de courage

Et le Juif dit : Reine des Neiges
Prends mes sacs d'écus, je n'en ai plus que faire —
Depuis que j'ai un cœur de glace
Je ne peux même plus   115
Aimer mon or.

                              ★
                          ★   ★

J'ai gardé la mémoire fidèle
Des vieux contes, contés.

BALLADE[1]

A Georges Bellenger.[2]

I

Dans le parfum des violettes, des roses, et des acacias — ils
se sont un matin rencontrés.

Auprès de son corsage entr'ouvert, dormaient des roses
moins douces que sa gorge — et ses yeux qui semblaient deux
noires violettes embaumaient comme le printemps.

Le soleil poudrait d'or ses cheveux blonds ; —
Lui, regardait ses yeux qui semblaient deux noires violettes.

Rapides sont les heures d'amour.   5
Un soir, sous les étoiles, elle lui dit : — Je suis à toi pour
jamais.

Et les étoiles les ont fiancés ; — les étoiles moqueuses et
froides.

Dans le parfum des violettes, des roses et des acacias.

Rapides sont les heures d'amour.

Un jour il est parti, comme les petites fleurs d'acacias   10
neigeaient —

Mettant sur le gazon désolé, de grandes taches blanches
pareilles à des linceuls

Où le papillon venait agoniser.

II

Est-il donc des parfums qui tuent ?

Une fois seulement il respira la fleur ténébreuse de ses
cheveux.

Une fois seulement,   15
Et il oublia l'enfant blonde qu'il avait un matin rencontrée,
Dans le parfum des violettes, des roses et des acacias.

O les nuits irréelles, les merveilleuses nuits !
Les caresses mortellement enivrantes,
Les baisers qui ont le goût du Rêve.   20
Et les alanguissements plus doux que la volupté.
O les nuits irréelles, les merveilleuses nuits !

Un musc atténué hantait son alcôve.
Est-il donc des parfums qui tuent ?

Elle disait : — Je n'aimerai que toi — la traîtresse.   25
Et son corps inoubliable avait des mouvements de bel animal
dompté.
De bel et dangereux animal — dompté.

Un jour il trouva des lèvres muettes et boudeuses.
O mais toujours ayant ce même goût du Rêve —
mortellement enivrant.
Des lèvres cruelles et muettes comme les roses parfumées,   30
qui attirent et ne rendent pas les baisers.

C'est en vain qu'il pleura plus qu'au jour où sa mère dans le
tombeau s'était couchée.
Les yeux de la bien-aimée avaient des regards plus froids que
les marbres des mausolées.
Et ses lèvres, ses lèvres si chères, restaient muettes comme
les roses.

Est-il donc des parfums qui tuent ?

Le bel et dangereux animal qu'il croyait dompté, avait en   35
jouant mangé son cœur.
Alors, il maudit l'azur du ciel et les étoiles scintillantes.
Il maudit l'immuable clarté de la lune, le chant des oiseaux.
Et le feuillage qui chuchote mystérieusement et perfidement
quand approche la nuit apaisante.

III

Mais, le cœur de l'homme est oublieux et infidèle.
Et, maudire est bien triste alors que renaît la saison des jeunes   40
calices,
Et des brises tendres comme des baisers.

Il se souvint de l'enfant blonde qui lui avait dit un soir sous
les étoiles : — Je suis à toi pour jamais.
Et il revint.

Mais elle était allée dormir au cimetière,
Dans le parfum des violettes, des roses et des acacias.   45

25 novembre 1882.

ROMAN DANS LA LUNE[1]

A Edmond Haraucourt.[2]

C'était un poète tourmenté d'un mal étrange

Il vécut sans désirs sans ambitions
    Sans jalousie et sans joies ;
Ignorant les larmes plus douces que le miel
    Et les mortels baisers.   5

Car, un soir d'extase, il avait aperçu dans la Lune
Celle qu'il devait aimer d'un amour unique —

Il avait aperçu la lumineuse fiancée
Qui l'appelait avec un sourire silencieux —

         ★
       ★ ★

Les destinées avaient maudit ce rêveur.   10
Et c'est avec ce dégoût de malade qu'il lutta pour le pain très sec,
Et le vin très frelaté de chaque jour.

Mais quand venait le soir, il oubliait
Les rancœurs et la lutte pour le pain très sec ;
Et à sa fenêtre accoudé il chantait, —   15
Des chants pleins d'amour et de surhumaine clarté —
A la fiancée lumineuse qui l'appelait
    Avec un sourire silencieux.

         ★
       ★ ★

Les filles de la terre, en vain l'éblouissaient des blancs éclairs
De leurs gorges amoureuses,   20
En vain rôdaient autour de lui leurs yeux ivres.

Il restait fidèle à la fiancée qu'il avait aperçu dans la lune.
Et qui l'appelait avec un sourire silencieux.

★

★ ★

Il vécut ainsi beaucoup d'années,
Attendant l'heure de l'éternel hymen   25
Puis, un soir d'extase, il est mort —
Le poète tourmenté de ce mal étrange.

Et son âme s'envola chantant
      Un hymne de joie,
Là-haut, vers le Pays convoité   30
      — Si ardemment, si fidèlement ! —
Dans les bras de l'unique Bien-Aimée
      Qui l'appelait
Avec un sourire silencieux.

★

★ ★

Et, dans une alcôve faite de rayons   35
Il étreignit pour jamais
      La lumineuse fiancée.

Et ils s'aimèrent longtemps, bien longtemps
D'amour limpide comme l'éther.
Sans inquiétudes, sans angoisses   40
      Sans jalousies et sans pleurs.

★

★ ★

Mais, un soir, le poète s'accouda comme autrefois à sa fenêtre
Et regarda la terre. . . avec regret.

LA CHARITÉ[1]

A Gaston de Raimes.[2]

Par les champs, par les villes,
La Charité chemine ;
   Elle chemine à petits pas,
   Car ses pieds sont délicats
         Sont las   5
D'avoir dansé.

Elle a du pain rassis
   Dans sa sacoche
   En peau de crocodile.
Elle a du pain rassis   10
Pour les oiseaux
   Dignes d'intérêt :
Poules et canards
Qui seront plus tard
   Bons à croquer.   15

Dans les branches réveillées
   Par le compatissant Printemps,
Les moineaux se congratulent
   Et dédient au compatissant Printemps
De jolis sonnets,   20
De mignons rondels
Et des cavatines charmantes ;
   Car tout l'hiver ils ont mangé
   De la vache enragée.[3]

La Charité se dit :   25
Vous n'aurez pas de mon pain rassis,
Petits bons à rien
Qui perdez votre temps à chanter ; —
Je le garde, mon pain rassis
Je le garde pour les oiseaux   30
   Dignes d'intérêt.

Elle marche sur les marguerites
   Et sur les trèfles roses ;
Portant dans son cœur vide d'amour
De vastes projets   35
   Et sous son front morose
   Des pensers moroses ;
Sans voir les bleuets
Bleus comme le ciel —
Et le ciel bleu   40
Comme les bleuets.

Or, un vieux pauvre assis
   Sur la route au soleil
Oubliant ses durs soucis,
   Bénissait le soleil.   45
Et comme passait la chagrine Figure,
Il la prit en pitié,
Lui voyant un front si morose :
   — Celle-ci — dit-il —
   Est plus pauvre que moi.   50

Et quittant sa place
Sur la route au soleil,
Le pauvre s'approcha d'Elle
Et, très timidement,
   Lui donna un sou.   55

3 août 1889.

NATURE MORTE[1]

A Louis Forain.[2]

Un boudoir cossu :
Les meubles, les tentures et les *œuvres d'art*, ont la banalité
    requise.[3]
Et la lampe — soleil à gage — éclaire les deux amants.

Elle est teinte en blonde, car *Il* n'aime que les blondes.

Lui, a les cheveux de la même nuance que son complet très à   5
    la mode

★
★   ★

Par la fenêtre ouverte on voit un ciel bleu comme une flamme
    de soufre.
Et la lune, radieuse en ces voiles, flotte vers de fulgurants
    hymens.

★
★   ★

Ayant achevé de lire le cours authentique de la Bourse, *Il* allume
    un cigare cher — et songe :
« C'est une heure agréable de la journée, celle où l'on SACRIFIE
    A L'AMOUR. »
Ils se sont rapprochés et causent   10
DE L'ÉGOÏSME A DEUX, DES AMES SŒURS. . .
Lui, bâillant un peu
Elle tâchant à éviter la cendre du cigare.

★
★   ★

Par la fenêtre ouverte on voit un ciel bleu comme une flamme
   de soufre
Et les arbres bercés de nuptiales caresses   15

★
★ ★

Lui, ayant fini son cigare, se penche pour donner un baiser à
   celle
Qu'au club il appelle « sa maîtresse ».
Il se penche pour lui donner un baiser — tout en rêvant :
« Pourvu que la Banque Ottomane ne baisse pas ! »
Elle, offre ses lèvres pensant à ses fournisseurs   20

Et leur baiser sonne comme le choc de deux verres vides.

★
★ ★

Par la fenêtre ouverte on voit un ciel bleu comme une flamme
   de soufre
Et les oiseaux veilleurs chantent l'immortel Amour
Tandis que de la terre monte une vapeur d'encens
Et des parfums d'Extase.   25

★
★ ★

— Si nous fermions — disent-ils — cette fenêtre qui gêne NOTRE
EXTASE ?

V

LES RÉSURRECTIONS

LES DANSES[1]

I

LA PAVANE

A Paul Arène.[2]

Dansez la Pavane au rythme câlin,
Somptueuses dames en vertugadins
Galamment offrez votre douce main
    Aux beaux chevaliers.

Tournez lentement, tournez tendrement,   5
Comme en lassitude de folles nuictées,
Promenez vos traînes richement brodées
En cadence grave promenez vos traînes
Et puis sans fléchir vos tailles hautaines
    Royalement saluez.   10

Tournez lentement, tournez tendrement
Cependant que sous le vertugadin
Votre cœur sanglote en peine cruelle.

Car devant vos fenêtres mêmes ce matin
Après un dernier baiser sur vos seins   15
Votre amant tomba sous la dague mortelle
    D'un traître spadassin.

Dansez la Pavane au rythme câlin
Cependant que flambent les bûchers du Saint-
Office, et que pleurent les psaumes de Calvin.   20

II

MENUET

A N. Lebeau.[1]

La soie fleurie
Des longs corsages
Palpite d'amour libertine et discrète.
Les galants paniers
Où éclosent   5
Des roses
        Brodées
Se bercent au rythme lent et mesuré
        Du menuet.

Et près de l'oreille : vivante rocaille   10
        Le précieux éventail.
Bat de l'aile comme un oiseau
        Mourant.
Car le bien-aimé,
        (En pourpoint   15
        De satin)
Y vient roucouler
Un mot si *osé*.
        Vraiment.
Que sous la neige légère des cheveux   20
Et près des souriantes lèvres

Le gracieux visage devient aussi rose
        Qu'une rose
En porcelaine de Sèvres.

III

DANSE D'ESPAGNE[1]

A Robert Bernier.[1]

Flottez les jupes vives ! volez ô les chevelures brunes !
    Ollé !
Les feux de joie sont allumés
Aux noires prunelles énamourées
    Comme les Nuits   5
    Ollé !

    Palpitantes guitares
    Sur des rythmes barbares
Comme des gorges pamées
    Doucement sanglotez !   10
    Ollé !

Les paumes frappent dans les paumes
Et les tambourins bourdonnent et sonnent
    Comme des abeilles enivrées
    Du sang des roses   15
    Ollé !

    Et vos cœurs en liesse,
    Cœurs jaloux de traîtresses —
Sous la peau mieux brillante qu'une lame —
    Eperdûment battez   20
    D'amour profonde et folle
    Ollé !

IV

DANSE D'ORIENT

A Georges Auriol.[1]

Les colliers de sequins
　　Sur les seins
Frissonnent et brillent comme du beau
　　Soleil dans l'eau.

Les longues pendeloques　　　　　　　　　　5
En de lascifs colloques,
Vers l'oreille entrechoquent
　　Leurs chapelets
　　Dorés.

C'est l'âpre danse　　　　　　　　　　　　10
Du vieil Orient
Sanguinaire et sensuel.

　　Les flancs virent mollement
　　Et ondoient comme des vagues,
　　Et se tordent ainsi que des serpents,　　　15
　　Sous le charme de quelque incantation vague.

Et tandis que harcelée par les miaulements
　　Rauques de la *derbouka*[2]
Et stimulée
Par les　　　　　　　　　　　　　　　　20
　　Nerveuses crotales,
La jupe de l'almée
Se gonfle d'air
　　Comme une voile
　　　　Sur la mer.　　　　　　　　　25

Son seigneur — turbané de lin clair,
　　La regarde au travers
Des fumées bleues du narguilhé[3]

Et songe que ce soir, il pourra étancher
Sa soif jalouse d'*elle*, en faisant couler   30
Son joli sang rouge sur ces seins,

Où frissonnent et brillent les sequins.

V

JAVANAISES

A Mlle *Irma Perrot.*[1]

Les petites idoles
Animées
O mais
Si peu, que cette danse évoque la folle
Vision : d'un bas-relief aux vivants symboles   5
Hiératique et muet.

Les mains délicates
S'étirent comme des chattes
Jaunes, et parfois
Les pâles doigts   10

S'ouvrent et volètent près des seins graciles
Comme des papillons grisés
D'aromatiques soirs d'avril, —

Tandis qu'en rythmes brisés,
Pleuvent des musiques farouches et subtiles.   15

VI

DANSE SLAVE

A Alphonse Humbert.[1]

Heï ! Heï ! la jouvencelle
  Aux yeux de ciel
A la tresse fleurie de rubans
  Brillants
Heï ! Heï ! le rude gars   5
  En « siermiega »[2]
Fleurant les folles herbes
  Et le miel
Joignez vos mains
  Heï ! Heï !   10

Le ménétrier assis sur la table
Lance d'un geste large de semeur
  Le rythme de la danse.

Et le violon chante comme un vieil air
  De guerre   15
Puis rit aux éclats, rit comme un possédé
Et pleure ainsi qu'une âme oppressée
  De trop tendres souvenirs,
  De vains souhaits. . .
Mais non, c'est la danse   20
  Heï ! Heï !

Il ne faut pas qu'une étreinte vous enlace
Rude gars et belle jouvencelle
            Heï ! Heï !
D'un bras seulement   25
A sa taille lié
      Emporte-la —
      Comme une proie —
      Rude gars
De l'autre, haut levé   30
Ainsi que pour un serment
            Tiens ta « czapka »[3]
            Heï ! Heï !

Tandis qu'autour de vous dans la campagne plate
Se balancent les beaux blés nouveaux   35
Et qu'au cimetière voisin dorment les vieux Morts
            Heï ! Heï !

VII

LA GIGUE

A Adrien Dézamy.[1]

Les talons
        Vont
D'un train d'enfer
Sur le sable blond.
        Les talons   5
            Vont
Sur le plancher clair
D'un train d'enfer.

Implacablement
Et rythmiquement,   10
Avec une méthode d'enfer,
        Les talons
            Vont.
Cependant le corps,
        Sans nul désarroi,   15
            Se tient tout droit,
Comme appréhendé au collet
        Par les
            Recors.

La danseuse exhibe ses bas noirs   20
Sur des jambes dures
        Comme du bois.
Mais le visage reste coi
Et l'œil vert
        Comme les bois   25
Ne trahit nul émoi.

Puis d'un coup sec
   Comme du bois,
Le danseur, la danseuse
Retombent droits   30
D'un parfait accord,
Les bras le long
   Du corps
Et dans une attitude aussi sereine
Que si l'on portait   35
   La santé
De la Reine.

Mais de nouveau
   Les talons
      Vont   40
D'un train d'enfer
Sur le plancher clair.

VIII

VALSE

— Ah ! pourquoi de vos yeux
Tant appeler mes yeux,
Et pourquoi d'une folle étreinte me dire
Que tout est puéril
Hors élan de nos cœurs   5
Éperdus l'un vers l'autre.

Ces lampes claires et ces girandoles
Dévoileraient mon trouble sans doute,
Si je laissais vos yeux
Tant parler à mes yeux.   10

— Vois l'enchantement de cette nuit complice
Et ces roses
Amoureuses
Aux corsages des Amoureuses.

Respirons les aromes charmants   15
Qui montent de ces fleurs,
Parées comme des femmes,
Et de ces femmes parées
Comme des fleurs.

Enivrons-nous du doux vin   20
Cher à Cythérée,
Tandis que les violons
Traînent des notes pâmées
Et que les violoncelles sont
Des voix humaines extasiées.   25

Ne fuyez pas, chers yeux, tes yeux
Abandonnez-vous vaincus et vainqueurs,
Abandonnez-vous, tes yeux à mes yeux.

SONATE[1]

PRÉLUDE

Les douces lampes veillent
Sur le frissonnant calme des tentures
Et les coussins profonds comme l'oubli
Se font complices de notre langueur.

Quel charme dans la muette sérénade   5
Des guitares frôlées par nos cœurs émus
        Sous les balcons des Extases !

Et ces baisers tristes à force de tendresse
Sont comme les humides pétales des nénuphars
        S'évanouissant   10

Sur l'inextinguible soif de nos âmes —
        Accourues au rendez-vous
De ces baisers tristes à force de tendresse, —

        Ne commettons pas la faute
        De ravir l'amoureuse proie   15
Au Sphinx adorable des minutes futures.

        Vois le gracieux Léthé de lumière
        Caresser la soie des tentures.

(Rinforzando)

        Invincible l'étreinte
Et plus sonores les arpèges aux Harpes   20
        Qui sommeillaient
Dans le frissonnant calme des tentures.

De quelles invisibles cassolettes
Monte ce parfum de pourpres roses ?
Et la hantise inquiète des œillets roses ?. . .   25

. . . .

Le Rêve conquérant
A soumis nos rebelles vouloirs.

(*Fugue*)

Ors fulgurants des torches,
Chevelures ardentes des célestes Monstres,
Flammes d'azur, flammes violettes   30
Et rouges flammes des bûchers ;

Cimballums stridents et grondantes orgues
Unissent l'héroïque éclat de leurs accords
Aux larges pleurs des violoncelles.

Tandis que d'un fabuleux firmament   35
Tombent en avalanche
De grands lys odorants aux cœurs jaunes
Au milieu de tons mauves suaves jusqu'aux larmes
Et de lilas évanouis.

(*Dolce rittard.*)

N'est-ce point l'instant   40
Immortel ?
Et les âpres portes
Du Réel
Vont-elles se rouvrir
Encore ?   45

Cette demi-mort
Que n'est-elle
La grande, l'auguste Mort
Si belle !

2 avril 1890.

LE DÉMON DE RACOCZI[1]

A Ringel.[2]

C'était par une après-midi embrumée
Dans l'air opaque le ciel pesait comme un remords.

J'avais dans l'âme le rétentissement de son dernier baiser ; —
Je l'avais pour jamais enfoui au fond de l'âme
Comme au fond d'un caveau sépulcral.   5

Dans l'air opaque le ciel pesait comme un remords.

★

★   ★

Alors pour fuir cette obsédante mélancolie de l'air et du ciel —
j'ai fermé la fenêtre brusquement.
J'ai fermé la fenêtre et j'ai tiré le rideau épais qui soudainement
plongea la chambre dans une lumière lourde.
Une artificielle lumière.
Plus ardente et plus molle que la triste lumière de l'air embrumé,   10

★

★   ★

Et les objets prirent des attitudes *inaccoutumées.*
Des attitudes du rêve.

Dans la caverne de l'ombre, le piano allumait le ricanement de
ses dents blanches.
Les fauteuils — ainsi que des personnes cataleptiques —
étendaient leurs bras raides.
Les luisances voilées des bronzes semblaient des clignements   15
d'yeux craintifs.
Et, dans l'or des cadres se réveillaient des lucioles ; —
Auprès des glaces qui *ouvraient* dans le mur d'inquiétantes
perspectives.

Et près de la bibliothèque, le *Démon de Racoczi* attira mes
  regards irrésistiblement. . .

C'était une simple *eau-forte* où, sur un fond brouillé, se détachait
  en noir exagéré — le Démon aux joues creuses, à la lèvre
  crispée par une gaieté féroce, ou peut-être par quelque
  affreuse torture.
Mais ce n'était qu'une simple *eau-forte*.   20

Puis le pli entre les sourcils froncés s'accentua.
Il s'accentua, — bien que la chose paraisse incroyable, —
Il se creusa plus profondément,
Figeant une expression d'angoisse farouche, sur cette face au
  sinistre rictus ;
Les cheveux se hérissèrent *à n'en pas douter ;*   25
Et l'archet que tenait la main du Démon eut un frémissement,
  s'anima, — en vérité, — et fit rendre à l'instrument *un son,*
Un son jamais entendu jusqu'alors. —
Et si triste, qu'il semblait fait de tous les sanglots et de tous les
  glas.
Et aussi doux que le parfum des tubéreuses, flottant dans la
  crépusculaire clarté des soirs.

Puis l'archet s'élança furieux, avec un grondement de rafale,   30
  sur les cordes désespérées.
Et c'était comme des cris de détresse, comme des rires de fous
  et comme des râles d'agonisants.
Et c'était comme des appels éperdus, de suprêmes appels,
  hurlés vers le ciel désert.

Mais l'horrible symphonie décrut ainsi qu'une mer qui s'apaise.
Et sous l'archet du Démon s'épanouit alors tout un orchestre ;
S'épanouit alors comme une grande fleur — tout un orchestre.   35

Les violons traînaient des notes pâmées, et parfois miaulaient
  comme des chats.
Les flûtes éclataient de petits rires nerveux.
Les violoncelles chantaient comme des voix humaines.

La valse déchaînait son tournoyant délire.
Rythmée comme par des soupirs d'amour ;   40
Chuchoteuse comme les flots,
Et aussi mélancolique qu'un adieu ;
Désordonnée, incohérente, avec des éclats de cristal qu'on
    brise ;
Essoufflée, rugissante comme une tempête ;
Puis alanguie, lassée, s'apaisant dans une lueur de bleu lunaire.   45

Et par l'archet du Démon évoqués,
Les Souvenirs passaient ;
Cortège muet,

En robes blanches et nimbés d'or, les Souvenirs radieux, les bon
    et purs Souvenirs ;
Sous leurs longs voiles de deuil, les douloureuse Res-   50
    souvenances ;
Les ombres des Amours morts passaient couronnées de fleurs
    desséchées.

L'archet s'arrêta avec un grincement sourd.
Le Démon était toujours devant moi avec son sinistre rictus ;
Mais ce n'était vraiment qu'une simple *eau-forte*.

Dans l'air opaque, le ciel pesait comme un remords.   55

1ᵉʳ novembre 1882.

L'ANGE GARDIEN[1]

A Xavier Krysinski.[2]

L'Être blanc au pur regard, à la lumineuse chevelure, suit nos
pas tout le long de la vie.

★
★ ★

L'enfant le voit, tendre et doux, se pencher sur son sommeil,
Et notre premier sourire est pour l'Être blanc
Au pur regard.

★
★ ★

Plus tard, ainsi qu'un frère aîné, il nous conduit par la main ;   5
Indulgent et joyeux,
Il pleure seulement s'il voit notre visage déshonoré
Par une grimace laide, —
Car il veut qu'on soit beau et qu'on lui ressemble
L'Être beau au pur regard.   10

★
★ ★

Et quand est disparue la fraîche ronde des insoucieuses
années ;
Quand le dernier clair rire et la dernière petite robe s'envolent
au ciel des souvenirs,

Quand nos âmes, encore virginales, frissonnent au vent d'indi-
cibles angoisses ;
Et que nos yeux extasiés versent des pleurs dans la solitude des
nuits ;
C'est l'Être blanc au pur regard   15
Qui, de son aile diaprée,
Essuie nos larmes.

★
★ ★

Puis vient l'heure des luttes héroïques :
L'Indifférence aveugle et sourde qui fait nos cœurs desséchés
    et pareils à du bois mort,
L'Hypocrisie au sourire fardé,   20
La Bêtise lâche et féroce,
Rendent nos bras lassés et nos âmes sans courage ;
Alors, douloureusement, il voile sa face, l'Être blanc au pur
    regard ;
Car il veut que, semblables à lui,
Nous gardions notre splendeur et notre beauté premières.   25

★
★ ★

Dans les murmures des bois, par les matins ensoleillés :
Dans la grondante voix de la mer,
Dans le silence mélancolique des soirs,
Dans la douleur et dans la joie,
Au milieu du saint émoi dont nous vibrons quand l'aile   30
    prodigieuse de l'Art nous effleure ; —
Et au milieu des hymnes de flamme que chantent nos cœurs à
    l'Amour victorieux et sublime ;
Notre oreille entend la voix de l'Être blanc
Qui, consolant et radieux,
Suit nos pas tout le long de la vie.

★
★ ★

Et lorsque notre tête lasse s'endort dans la fraîcheur paisible du   35
    tombeau,
Encore bercée par la chanson lointaine et douce des
    souvenirs, — comme l'enfant sur les genoux de sa mère,
Il accompagne notre âme, par delà les bleus éthers et par delà
    les étoiles, jusqu'au Portique du Ciel grand ouvert ;
Portant, dans sa tunique de lin immaculé, les belles fleurs aux
    parfums ineffables — qui sont nos belles actions ;
Tandis qu'avec des rythmes de harpes triomphales, flotte sa
    lumineuse chevelure.

9 février 1884.

PARADOXE[1]

A François de Nion.[2]

Errer parmi l'extravagant azur des Fictions,
   Aimer les Fleurs aux dangereux parfums,
   Croire à tous les sourires,
Pieusement s'agenouiller devant tous les Dieux,
   Aux rayonnants diadèmes.   5
Errer parmi l'extravagant azur des Fictions.

       C'est peut-être là — vraiment — la Sagesse.

           ★
        ★ ★

Altièrement passer dans la vie
   Ignorant la haine,
   Les yeux fixés aux radieux lointains,   10
   Les mains pleines des douces roses d'Amour.
Altièrement passer dans la vie.

       C'est peut-être là — vraiment — la Vertu.

           ★
        ★ ★

Pleurer des larmes plus belles
   Que les perles des couronnes,   15
Se bâtir dans le Rêve d'inaccessibles châteaux
   Pour s'y réfugier et s'y consoler
   D'être né.
Pleurer des larmes plus belles
   Que les perles des couronnes.   20

   C'est peut-être là — vraiment — le Bonheur.

MÉTEMPSYCOSE[1]

A Georges Lorin.[2]

Longtemps après que toute vie
Sur la terre veuve aura cessé,
Les tristes ombres des humains,
Les âmes plaintives des humains,
Reviendront visiter   5
        La terre veuve
Où toute vie aura cessé.

Elles quitteront les corps nouveaux
Que la tyrannique droite de Dieu
Aura assigné à leur destinée pérégrine,   10
        Dans quelque planète lointaine,
Et pieusement viendront visiter
        La terre veuve.

Allors, leur prunelle spirituelle
Et leur immatérielle oreille   15
Reconnaîtront les formes, les couleurs et les sons
Qui furent les œuvres de leurs mains assidues,
        Durant les âges amoncelés et oubliés,

Qui furent les œuvres de leurs mains débiles,
        De leurs mains plus fortes pourtant   20
                Que le Néant.
Tandis que palpitait en eux la terrestre vie
        Et que leur bouche proclamait
Le nom trois fois saint de l'Art immortel.

Et quand, au matin revenu, un autre soleil   25
Les rappellera vers les corps assignés
        A leur destinée prérégrine,
        Dans quelque planète lointaine,

Chaque ombre errante, chaque âme plaintive
Dira : — j'ai fait un rêve prodigieux.   30

Et, sous le fouet de l'éternelle Beauté
Et de l'éternelle Mélancolie,
Les humains à nouveau dompteront —
        Dans cette planète lointaine —
Les couleurs, les formes et les sons.   35

FIN

DOSSIER

Chronologie sommaire[1]

1857   22 janvier : Maria Anastazja Wincentyna Krysinska naquit à Varsovie, d'un avocat, Xavier Krysinski et d'Amélie Wolowska.

(1873)   Krysinska arrive à Paris pour suivre au Conservatoire les cours de composition et d'harmonie (date contestée).

1881   Première publication d'un poème de Krysinska : « Symphonie des parfums » dans *La Chronique parisienne*.

1882   Krysinska reçoit dans son salon littéraire (adresse incertaine).[2]

1883   26 mai : Publication du poème « Le Hibou » dans *La Vie moderne* ; ce premier poème en langue française et en vers libres fut encadré d'un dessin de Georges Bellenger, le futur époux de la femme-poète.

1885   1er octobre : Mariage de Krysinska au peintre Georges Bellenger dans le 5e arrondissement de Paris. Krysinska habitait au n° 37 rue Monge, Paris 5e, où elle tenait un salon au troisième étage.

        12 octobre : Après avoir traversé l'Atlantique sur le Normandie (Le Havre–New York), le couple arrive aux Etats-Unis pour leur voyage de noces « séjour de deux ans que nous fîmes aux Etats-Unis » (*Intermèdes*, p. xxxii).

1887   9 juin : L'arrivée du deuxième voyage aux Etats-Unis, sur le Pennland (Anvers–New York).

1888   3 décembre : Léon Bloy collabore au *Gil blas illustré* (jusqu'au 11 février 1889), début de sa liaison avec Krysinska.[3]

---

1 Nous indiquons ici la date de parution des romans et des recueils poétiques de Marie Krysinska ; voir la bibliographie de cette édition pour la date de chaque poème, nouvelle, article ou partition.

2 Voir l'introduction de cette édition, surtout n. 13.

3 Michel Arveiller, *Léon Bloy*, éd. Arveiller et Pierre Glaudes (Paris : Editions de l'Herne, 1988), p. 23. Nous tenons à remercier M. Hector Bianciotti de l'Académie Française de son amabilité.

1890   *Rythmes pittoresques* (recueil poétique). Bellenger et Krysinska habitent au n° 10 rue Germain Pilon, Paris 18e.

1892   *L'Amour chemine* (contes en prose).

1893   *Aigues-marines.*

1894   *Joies errantes* (recueil poétique).

1895   *Juliette Cordelin* (roman-feuilleton).
       Folle de son corps (roman).

1898   Bellenger et Krysinska habitent au n° 6 passage de l'Elysée-des-Beaux-Arts (aujourd'hui rue André-Antoine[4]), Paris 18e.

1899   Le couple habite au n° 29 rue Capron, Paris 18e.

1900   Le couple habite au n° 36 bis rue de la Tour-D'Auvergne, Paris 9e.

1901–02   Le couple habite au n° 16 rue de la Tour-D'Auvergne, Paris 9e.

1903   *Intermèdes : Nouveaux rythmes pittoresques* (poèmes), recueil qui porte une illustration de Bellenger sur la couverture.

1903–05   Bellenger et Krysinska habitent au n° 7 rue Germain Pilon, Paris 18e.

1905   *La Force du désir* (roman).

1908   15 septembre : Mort de Marie Krysinska au domicile familial, n° 10 rue Lechapelais, Paris 17e ; la femme-poète est enterrée dans le cimetière de la commune de Saint-Ouen (Seine).

1912   6 août : Georges Bellenger, âgé de 64 ans, épouse Marie Bordelet, 52 ans, dans le 18e arrondissement de Paris.

1915   13 novembre : Mort de Georges Bellenger en son domicile, n° 21 rue Véron, Paris 18e.

---

4 L'Ecole Niedermeyer était située au n° 10 de ce passage, « sentier tortueux au sommet de la Butte » (Georges d'Esparbès et al., *Les Demi-cabots : Le Café-concert, le cirque, les forains* (Paris : G. Charpentier et E. Fasquelle, 1896), p. 71), qui fut nommé en 1951 en souvenir de l'acteur André Antoine (1858–1943), fondateur du Théâtre Libre (1887) et du Théâtre Antoine (1897) et directeur de l'Odéon de 1906 à 1914.

Notes

RYTHMES PITTORESQUES

Ce recueil, le premier que publia Maria Krysinska, parut en 1890. Auparavant elle avait publié des poèmes dans des revues telles que *Le Capitan, Le Chat noir, La Cravache parisienne, La Libre Revue, La Revue indépendante* et *La Revue universelle* (voir la bibliographie).

PRÉFACE DE 1890

Quoique J.-H. Rosny ait écrit cette préface, dans laquelle il fait l'éloge de la poésie innovatrice de Krysinska, « à qui, devant le public littéraire, il offre le bras »,[1] il semble par la suite regretter toute association avec la femme-poète. Comme l'explique le journal des frères Goncourt du 18 décembre 1890 :

> Bien amusant ce soir, Rosny nous confiait à Daudet et à moi combien il était ennuyé de ce qu'ayant fait une préface au livre de la Krysinska, on le crût son amant, tout en laissant percer le gonflement de vanité qu'il en éprouvait. Et il nous disait : « Oui, moi, je n'aime pas ces femmes-là, je n'aime que les femmes honnêtes . . . ». Et sur l'ironie d'un sourire de ma bouche, il ajoute comme correctif : « ou du moins, celles qui me paraissent honnêtes. » (Edmond et Jules Goncourt, *Journal : Mémoires de la vie littéraire*, éd. Robert Ricatte, 4 tomes (Paris : Fasquelle et Flammarion, 1956), tome 3, p. 1282)

On peut supposer que Krysinska n'a fait qu'aggraver cette animosité quand elle a écrit le compte rendu suivant dans *Le Chat noir* du 16 mai 1891 :

> Cependant qu'un groupe de jeunes gens français — de tout âge et autres rastaquouères — prétend représenter l'avenir littéraire en fondant *l'école de la plaquette* qui donne la gloire à son homme

---

1 Félicien Champsaur, « Chronique parisienne », *L'Evénement* (16 octobre 1890), p. 1 ; voir p. 149 de cette édition.

au bout de 150 vers autant qu'il se peut illisibles, — un vrai jeune et un artiste vrai travaille tout simplement et produit. *Daniel Valgraive*, de M. J. H. Rosny, vient de paraître chez A. Lemerre. L'éditeur des académiciens a eu la coquetterie de vouloir montrer qu'il savait accueillir une œuvre audacieuse et neuve, pourvu que son originalité fût de bon aloi et de première main.

Les admirateurs fervents et nombreux que M. Rosny s'est acquis avec *Nell Horn, Le Bilatéral, Marc Fane, Le Termite*, etc. retrouveront dans *Daniel Valgraive* toutes ses hautes qualités de style, riche en trouvailles, harmonieux et clair. M. J. H. Rosny, dans ce nouveau livre, conte le poète de la Bonté Humaine. L'entreprise n'est pas banale par cette fin de siècle dédiée à la Rosserie, et le remarquable artiste fait vibrer cette corde dédaignée avec des accents déchirants et suaves.

Une très originale esquisse de femme — ni méchante ni bonne, infiniment redoutable, néanmoins — met un charme souffreteux et primitif entre ces pages magistrales dont le succès, consacré par toute la presse, est si parfaitement mérité.

1 sic ; cerveau.
2 Il semble que cette formule attribuée à Flaubert vienne de ce passage : « J'aurai mis sur la voie quelqu'un de mieux doué et de plus *né*. Vouloir donner à la prose le rythme du vers (en la laissant prose et très prose) et écrire la vie ordinaire comme on écrit l'histoire ou l'épopée (sans dénaturer le sujet) est peut-être une absurdité. Voilà ce que je me demande parfois » (Gustave Flaubert, *Correspondance* — *1853* (Paris : L. Conard, 1926–54), p. 143).

MIRAGES

LA SOURCE

1 Première publication : *Le Chat noir* 391 (13 juillet 1889), p. 1362.
2 Dédié à Alphonse Allais dans *Le Chat noir*. Maurice-Charles Donnay (1859–1945) débuta au Chat noir en 1888, « le soir de la première de *La Conquête de l'Algérie*, de Louis Bombled. [. . .] Il deviendra très vite un auteur dramatique fort achalandé » (François Caradec, *Alphonse Allais* (Paris : Fayard, 1997), pp. 236–37). Il publia de nombreux ouvrages, dont *Autour du Chat noir* (Paris : B. Grasset, 1926 ; récemment réimprimé chez Grasset, 1996) et *Mes débuts à Paris* (Paris : Fayard, 1937) et devint Commandeur de la Légion d'honneur et membre de l'Académie Française.

Voir Pierre Labracherie, *Maurice Donnay, son œuvre, portrait et autographe* (Paris : Editions de la Nouvelle revue critique, 1931).

RONDE DE PRINTEMPS

1 Première publication : *Le Chat noir* 383 (18 mai 1889), p. 1330.
2 Pas de dédicace dans *Le Chat noir*. Charles Erhardt de Sivry (1848–1900) fut musicien et poète ; selon Krysinska elle-même, ce fut sa musique qui inspira la poésie en vers libres de la femme-poète (à ce sujet, voir la préface de cette édition, p. 26, ainsi que l'article de Krysinska, « Les Cénacles artistiques et littéraires : Autour de Maurice Rollinat », *La Revue* (15 août 1904), pp. 477–91, surtout pp. 483 et 484). Aussi occupe-t-il une place importante dans « Les Artistes maudits » de Krysinska (*La Revue* (15 août 1901), pp. 384–97). Beau-frère de Paul Verlaine, Charles de Sivry participa au Chat noir, au salon de Nina de Villard, aux dîners de Vilains-Bonhommes et aux réunions des groupes tels que les Zutistes, les Hydropathes et les Incohérents. (Goudeau, *op. cit.*, p. 538)

LES FENÊTRES

1 Premières publications : « Les Fenêtres (poème en prose) », *Le Chat noir* 78 (7 juillet 1883), p. 102 et « Les Fenêtres (poème en prose de Marie Krysinska — dessin de Georges Bellenger) », *Le Capitan* 1 (novembre 1883), p. 5. Le poème porte le sous-titre « Poème en prose » dans *Le Chat noir*.
2 Pas de dédicace dans *Le Chat noir*. François Coppée (1842–1908) fut connu d'abord pour sa pièce *Le Passant* (1869). Ses recueils poétiques, dont *Le Reliquaire* (1866), *Les Intimités* (1868) et *Poèmes modernes* (1869), l'ancrent dans la poésie parnassienne. Elu à l'Académie Française en 1884, il est surtout connu de nos jours pour avoir été la tête de Turc, régulièrement parodié dans l'*Album Zutique* de Rimbaud, Verlaine, Cros, *et al.*, et considéré par ceux-ci comme un compositeur de platitudes. Voir ses *Souvenirs d'un parisien* (Paris : L'Harmattan, 1993 ; fac-simile de l'édition d'Alphonse Lemerre, 1910) ; Pierre Martino, *Parnasse et symbolisme (1850–1900)*, 3ᵉ éd. (Paris : Librairie Armand Colin, 1930), pp. 81–82 ; et Léon Le Meur, *La Vie et l'œuvre de François Coppée* (Paris : Editions Spes, 1932).

PLEINE MER

1 Poème inédit avant la publication des *Rythmes pittoresques*.
2 Peintre français, né à Paris le 20 mars 1848, mort le 7 février 1915. Théophile François Henri Poilpot fut admis à l'Ecole des beaux-arts, où il fut l'élève de G. Boulanger et de Gérôme ; il débuta au Salon de 1874 avec

un tableau dont le sujet était emprunté au roman d'Alexandre Dumas fils, *L'Affaire Clémenceau : Iza à Sainte-Assise*. Membre de la Société des Artistes français et Officier de la Légion d'honneur, il se spécialisa dans la peinture de grands panoramas ; peut-être aurait-il travaillé avec Georges Bellenger (à propos de celui-ci, voir l'introduction de cette édition, n. 14). Voir *Larousse mensuel illustré* 97 (mars 1915), p. 381).

SYMPHONIE EN GRIS

1 Première publication : *Le Chat noir* 43 (4 novembre 1882), p. 4.

2 Dédié à Fernand Crésy [Fernand Icres, dit] dans *Le Chat noir* ; cette dédicace est à noter parce que, cinq mois plus tôt, Crésy avait publié « Le Crâne » et l'avait dédié à la femme-poète. Ce fut la première fois que le nom de Marie Krysinska parut dans *Le Chat noir* (10 juin 1882). Après sa formation de peintre aux Beaux-arts, Rodolphe Salis (1852–1897) ouvrit le Chat noir en 1881 au n° 84 du boulevard Rochechouart (Caradec, *op. cit.*, pp. 212–13). Voir le *Centenaire du cabaret du Chat noir* (Paris : Musée de Montmartre, 1981) ou Mariel Oberthür, éd., *Le Chat noir: 1881–1897* (Paris : Réunion des musées nationaux, 1992).

MIDI

1 La première publication de ce groupe de poèmes porte le sous-titre « proses rythmées » (*Art et critique* 71 (4 octobre 1890), pp. 638–39).

2 Ecrivain et plus tard conservateur du Château de Fontainebleau, Thomas dit Georges d'Esparbès (1863–1944) fut présent au Chat noir et fréquenta les Hirsutes, les Jemenfoutistes et les Hydropathes de 1884. Ses publications parurent dans des revues telles que *La Nouvelle Rive gauche*, *Lutèce*, *Le Chat noir* et *Gil blas* (Goudeau, *op. cit.*, p. 504).

LES ROCS

1 Jules Guérin fut le directeur du *Gil blas*. Parmi ses œuvres on note *La Petite Poniska* (Paris : J. Lévy, 1886), et surtout ses écrits avec Paul Ginisty : *Deux tourtereaux, pièce en 1 acte* [présenté au Théâtre libre à Paris, le 25 février 1890] (Paris : E. Dentu, 1890) ; *La Fange* (Paris : C. Marpon et E. Flammarion, s.d.) ; *On ne badine pas avec l'honneur, comédie en 1 acte* [présenté au Théâtre-Cluny à Paris, le 26 août 1892] (Paris : Tresse et Stock, 1892) ; et *Les Rastaquouères, études parisiennes* (3ᵉ éd. Paris : E. Rouveyre et G. Blond, 1883).

HORIZONS

1 Publié en-dehors du groupe « proses rythmées » dans *La Plume* 34 (15 septembre 1890), p. 168.

2 Pas de dédicace dans *La Plume*. Parmi ses nombreux écrits, l'historien Alfred Rambaud (1842–1905) fut connu pour ses histoires d'Allemagne (*L'Allemagne sous Napoléon Ier (1804–1811)* (Paris : Didier & Cie., 1880)), d'Algérie (*L'Insurrection algérienne de 1871. Etude sociale et religieuse à propos d'une publication récente* (Paris : Berger-Levrault, 1891)) et un ouvrage couronné par l'Académie Française sur la Russie (*Histoire de la Russie depuis les origines jusqu'à nos jours* (Paris : Hachette, 1918)). On note aussi une *Histoire de la civilisation française* (6ᵉ éd. Paris : Colin, 1895) et une *Histoire de la Révolution française (1789–1799)* (Paris : Hachette et Cie, 1900).

EFFET DE SOIR

1 Première publication : « Le Calvaire », « Effet de soir », *La Revue indépendante* 11.32 (juin 1889), pp. 428–31.

2 Pas de dédicace dans *La Revue indépendante*. « J.-H. Rosny » fut le pseudonyme commun de Joseph-Henri Boex dit Rosny Aîné (1856–1940) et de son frère Séraphin Justin Boex dit Rosny Jeune (1859–1948). Rosny Aîné écrivit la préface à l'édition originale des *Rythmes pittoresques* (à ce sujet, voir les notes de notre édition sur sa préface, pp. 117–18) et Krysinska rédigea un compte rendu qui parut dans *Le Chat noir* du 16 mai 1891 de son roman *Daniel Valgraive* (Paris : A. Lemerre, 1891). D'abord très liés aux écrivains naturalistes, les deux frères Boex publièrent en 1887 le « Manifeste des Cinq » contre Emile Zola. A partir de 1896, Rosny Aîné présida l'Académie Goncourt. Parmi ses œuvres nous notons ses romans d'aventures, dont l'action se situe à l'époque préhistorique, notamment *La Guerre du feu* (1911), adaptée au cinéma en 1981 (Jean-Pierre de Beaumarchais, Daniel Couty et Alain Rey, *Dictionnaire des Littératures de langue française*, 3 tomes (Paris : Bordas, 1984), tome 3, p. 2015).

CHANSON D'AUTOMNE

1 Première publication : « Chanson d'automne », *Le Chat noir* 40 (14 octobre 1882), p. 2. Ce poème fut le premier que Krysinska publia dans *Le Chat noir*. Krysinska publia un autre poème sous le même titre dans *Gil Blas illustré* 1.24 (6 décembre 1891), p. 6, et qui fut repris dans *Joies errantes* (p. 29) ; le voici :

Chanson d'automne

A Gabriel Randon.

Le ciel d'Automne
Pleure et pardonne

Nos deux péchés de Printemps.
Et toi,
Rose d'Amour pourquoi
Garder ce cher parfum
A ton corsage défunt !

Les souvenirs d'antan
Sont d'importunes vielles
Qui demeurent chantant
Sous les balcons déserts —
Où ne paraît aucune belle.

Assez de rancœurs !
Saison tendre, comme une sœur,
Apaise sous ton baume mélancolique et vainqueur
Les cœurs épris de ta douceur.

Un autre poème portant ce titre a été publié dans un groupe intitulé « Sketch-book » : « Sketch Book : Chanson d'automne, Retour à la ville, Fin d'hiver », *La Revue blanche* 17.127 (15 septembre 1898), pp. 140–42. Voici cette autre « Chanson d'automne », reprise avec modifications dans *Intermèdes* (pp. 93–94) :

Les fleurs s'éteignent dans le jardin
Comme des lampes au matin.

La saison crépusculaire, à pas muets
Vient par les allées.

La voix pleureuse de l'Automne,
Accompagnée d'invisibles violoncelles,
Parmi l'espace morne, entonne
Une phrase triste et belle.

Un veut brutal frappe les branches —
Qui chavirent folles et désespérées —
Le buisson meurt et penche.

Où sont les roses trémières
Si délicates et si fières ?

Où sont les ciels argentés
Comme les jasmins et les muguets ?

Un nuage noir aux ailes éployées
Ainsi qu'un mauvais aigle plane à l'horizon :
Sous la pluie, tous les sourires se sont noyés
Et dans l'arbre fané expire la chanson.

Tu plais aux cœurs recueillis,
Minute ivre de mélancolie !
Décor de silence et de cris,
Dramatique et plein de charmes
Où les feuilles tombent — comme des larmes

2 Psychologue, Charles Henry (1859–1926) arriva à Paris en 1875 pour poursuivre des études à la Sorbonne et au Collège de France. Il fut bibliothécaire à la Sorbonne de 1881 à 1891. Il fit la connaissance de Gustave Kahn en 1879 et de Jules Laforgue en 1880, et ils entretinrent tous les trois une correspondance assidue. (Michael F. Zimmermann, « Biographie intellectuelle de Charles Henry : Fondements psychophysiques de sa théorie scientifique de l'art », trad. Jérôme Ferry, Solange Schnall et Karin Fanny Willems, *Les Mondes de Seurat* (Anvers : Fonds Mercator, 1991), pp. 227–46 (p. 229)). Léonie Duhaut aurait quitté Henry en 1883 après l'avoir surpris avec Krysinska. Mais la notion d'une liaison entre Henry et Krysinska est très suspecte, puisque Krysinska s'intéressait non pas à Henry mais à son ami l'artiste Georges Bellenger, son futur époux (Arkell, *op. cit.*, p. 134). Pour des rapports plus littéraires, voir Alain Mercier, « Charles Henry et l'esthétique symboliste », *Revue des sciences humaines* 35.138 (avril-juin 1970), pp. 251–72.

SYMBOLES

LES BIJOUX FAUX
1 Première publication : *Le Chat noir* 77 (30 juin 1883), p. 99, avec un dessin de Henri Rivière et une dédicace à Dubut de Laforest.
2 Georges Duval (1847–1919) n'écrivit que le premier tome de ses *Mémoires d'un Parisien* (Paris : E. Flammarion, 1913), mais il publia 26 romans, 30 pièces de théâtre, des traductions du théâtre complet de Shakespeare, des pièces de Sheridan et de Bulwer-Lytton, ainsi que trois recueils poétiques et deux biographies. Notons en particulier *Le Quartier Pigalle : Le Carnaval*

parisien (Paris : C. Marpon et E. Flammarion, 1883).

VILLANELLE
1 Première publication : *Le Chat noir* 423 (22 février 1890), p. 1494.
2 sic ; Mesplès. Pas de dédicace dans *Le Chat noir*. Artiste, écrivain et musicien, Paul-Eugène Mesplès (1849–1924) dirigea le *Costume au théâtre et à la ville : Revue de la mise en scène* (1886–1890), la première année avec Charles Bianchini et les trois dernières avec René Benoist. Il fréquenta les Hydropathes, les Incohérents et le Chat noir et publia dans de nombreuses revues de l'époque (Goudeau, *op. cit.*, p. 523). Il contribua aux *Œuvres choisies de Beaumarchais* (éd. de Jules Antoine David (Paris : L. Bonhoure, 1884)) et au livre de Gaston Bonnier, *Les Plantes des champs et des bois : excursions botaniques printemps, été, automne, hiver* (Paris : Librairie J.-B. Baillière et Fils, 1887).

LE CALVAIRE
1 Première publication avec « Effet de soir », *La Revue indépendante* 11.32 (juin 1889), pp. 428–31.
2 Pas de dédicace dans *La Revue indépendante*. Raoul Gineste (pseudonyme du Dr Adolphe-Clovis Augier, 1849–1914) fut l'auteur d'études scientifiques, dont *Recherches sur le développement des pariétaux à la région sagittale* (Paris, 1875) et, avec un certain M. Julien, *Sur les angles occipitaux et basilaire. Association française pour l'avancement des sciences. Congrès de Lille, 1874* (Lille : impr. de Danel, 1875). Sous le pseudonyme Raoul Gineste, il écrivit : *Chattes et Chats. Avec une préface de Paul Arène* (Paris : E. Flammarion, 1892) ; *Le Nègre de Paris* (Paris : Dujarric, 1903) ; *La Poupée de cire, roman moderne* (Paris : L. Michaud, 1906) ; *Le Rameau d'or, poésies* (Paris : A. Lemerre, 1887) ; et *Soirs de Paris* (Paris : H. Beraldi, 1903).

SYMPHONIE DES PARFUMS
1 Première publication : *La Chronique parisienne* (1881).
2 Madame Dardoize fut sans doute la femme de Louis-Emile Dardoize (1826–1901), peintre ; nous n'avons pas d'informations sur elle, mais les tableaux d'Emile Dardoize eurent un certain succès : « Le nombre de ses ouvrages est considérable. Médailles bronze et argent aux Expositions Universelles de 1878 et 1889. Il publia un cours de perspective (Monrocq, éditeur) et collabora au *Tour du Monde* et à l'*Illustration*. Il créa une maison d'édition et de gravures, alors qu'il avait trente ans ; ce qui lui permit de se consacrer à la peinture » (Emmanuel Bénézit, *Dictionnaire critique et documentaire des peintres, sculpteurs, dessinateurs et graveurs*, 10 tomes (Paris : Gründ, 1976), tome 3, p. 361).

BERCEUSE MACABRE

1 Première publication : *Le Chat noir* 47 (2 décembre 1882), p. 4.
2 Dédié à Henri Rivière dans *Le Chat noir*. Maurice-Jules-Aimable Vaucaire (1866–1918) écrivit des poèmes (*Maman chante avec nous : recueil de six poésies*. *Poésie de Maurice Vaucaire ; musique de Henri Busser* (Paris : Henry Lemoine, 1901)) et collabora aux pièces de théâtre : *L'Affreux homme : pièce en deux actes* (avec Yves Mirande (Paris : Librairie théâtrale, 1900)) ; *L'Amour quand même !* *Comédie en un acte, en prose* (avec Georges Mitchell (Paris : Charpentier et Fasquelle, 1899)) ; et *Le Fils surnaturel : comédie-bouffe en trois actes* (avec Ernest Grenet-Dancourt (Paris : Société d'éditions littéraires et artistiques, P. Ollendorff, 1903)). Il a également traduit en français le livret de *Manon Lescaut* de Puccini (Paris : G. Ricordi, 1906).

LE HIBOU

1 Première publication : *La Vie moderne* (26 mai 1883), p. 333. Voir l'introduction de notre édition pour l'importance de ce poème dans le débat sur la création du vers libre français.
2 Sujet d'une étude de Krysinska (« Les Cénacles artistiques et littéraires : Autour de Maurice Rollinat », *La Revue* (15 août 1904), pp. 477–91), Maurice Rollinat (1846–1903) fit partie des Hydropathes (voir le numéro du 5 mai 1879) et brièvement des Hirsutes avant de devenir « la vedette du premier Chat noir ». Son recueil *Les Névroses* (Paris : G. Charpentier, 1883) bouleversa la scène littéraire ; Charles Gounod proclama son auteur « fou de génie » et, pour Victor Hugo le recueil constitua une « beauté horrible » (Caradec, *op. cit.*, p. 220). Voir Régis Miannay, *Maurice Rollinat : Poète et musicien du fantastique* (Sautron : R. Miannay, 1981).

NAISSANCE D'APHRODITE

1 Inédit avant la publication des *Rythmes pittoresques*.
2 Théodore de Banville (1823–1891) « fit bientôt quelque bruit par la publication de deux volumes de vers : *Les Cariatides* (1842) et *Les Stalactites* (1846). *Les Odelettes* (1856), et surtout *Odes funambulesques* (1867), sorte de grande parodie lyrique, consacrèrent sa réputation. » (Gustave Vapereau, *Dictionnaire universel des contemporains*, 6e éd. (Paris : Hachette et Cie, 1893), p. 83). Voir ses *Œuvres poétiques complètes*, éd. Peter J. Edwards, 8 tomes (Paris : H. Champion, 1994–2001), ainsi que Philippe Andrès, *Théodore de Banville : Parcours littéraire et biographique* (Paris : L'Harmattan, 1997).

FEMMES

ÈVE

1 Première publication avec « Hélène » et « Magdelaine », *La Revue indépendante* 14.41 (mars 1890).

2 Pas de dédicace dans *La Revue indépendante*. Fils d'un architecte distingué, Maurice Isabey (1863– ?) « s'est fait connaître par de nombreuses constructions importantes » ; ainsi fut-il l'architecte responsable de la construction du théâtre d'ombres au Chat noir, d'après les plans d'Henry Rivière (Caradec, *op. cit.*, p. 235). Après la construction du clocher de l'église de Saint Paul au Brésil, Isabey fut chargé de la construction d'un Palais du Congrès des Représentants à Rio de Janeiro (C. E. Curinier, *Dictionnaire national des contemporains*, 5 tomes (Paris : Office général d'édition, 1899–1905), tome 5, pp. 318–19.)

ARIANE

1 Poème publié dans deux revues le même jour, *Le Chat noir* 388 (22 juin 1889), p. 1350 et *La Cravache parisienne* (22 juin 1889), p. 2, ce qui provoqua la lettre suivante de la femme-poète qui parut dans *La Cravache* en même temps que le poème :

> Monsieur,
> Il m'arrive une chose fâcheuse où il n'y a pourtant pas de ma faute.
> Ne recevant ni épreuves, ni nouvelles, la semaine dernière, j'ai pensé que mon poème ne vous convenait pas et je l'ai donné au *Chat-Noir*.
> Sitôt reçues vos épreuves, j'ai adressé à M. Salis, une dépêche le priant de ne pas donner suite à cette insertion. Mais j'apprends à l'instant que ma dépêche est arrivée trop tard. *Ariane* paraîtrait donc au même moment chez vous et au *Chat-Noir*. Si vous considérez cela comme un inconvénient grave (bien que la *Cravache* soit lue dans un tout autre groupe), il sera peut-être encore temps de l'éliminer de votre numéro du journal. Quoi qu'il en soit, croyez que je regrette ce contretemps et agréez, monsieur, l'expression de mes sentiments distingués.
>
> Marie Krysinska.

Quant à la légende d'Ariane, ce poème commence après que le fil de celle-ci ait aidé Thésée à sortir du Labyrinthe, prison du Minotaure, et après qu'ils soient arrivés à l'île de Naxos. La première partie du poème décrit la trahison de Thésée ; selon la légende :

Ariane s'endormit et, quand elle s'éveilla, elle était seule. A l'horizon, disparaissait le navire de Thésée, qui l'avait abandonnée [. . .] Les explications données de cette trahison varient selon les auteurs. Tantôt, c'est parce que Thésée aimait une autre femme, qu'il abandonna ainsi Ariane ; tantôt c'est sur l'ordre des dieux, parce que les destins ne lui permettaient pas de l'épouser. (Pierre Grimal, *Dictionnaire de la mythologie grecque et romaine* (Paris : Presses universitaires de France, 1963), p. 453, 50)

Ces explications n'offrent cependant pas de description du point de vue d'Ariane elle-même ; par conséquent Krysinska tâche ici de présenter la douleur d'Ariane de son point de vue à elle. De même, le personnage de la déesse est intéressant en ce que sa douleur ne dure pas très longtemps, comme le montre la deuxième partie de ce poème ; l'arrivée de Dionysos annonce le nouvel amour.

2 Même dédicace dans *Le Chat noir*, aucune dédicace dans *La Cravache parisienne*. Poète symboliste, Jean Moréas (Ioannis Papadiamantopoulos, dit ; 1856–1910) fut l'auteur du « Manifeste du symbolisme » (« Le Symbolisme : Un manifeste littéraire », *Le Figaro : Supplément littéraire* (18 septembre 1886), pp. 150–51) et le créateur de l'Ecole romane. « Moréas était alors plus célèbre par son manifeste que par ses œuvres elles-mêmes. Cependant, à la publication du *Pèlerin passionné* (1891), tout le monde cria au chef-d'œuvre » (*Larousse mensuel illustré* 39 (mai 1910), p. 698). Présent au Chat noir et chez les Hirsutes, les Zutistes, les Hydropathes et les Jemenfoutistes, sa présence et liée à celle de Krysinska dans *Lutèce* : « Bellanger [sic], Marie Krysinska et Moréas traitent avec Icres une importante question musicale » (« Nos Samedis », *Lutèce* (9–16 février 1884)). Voir surtout Robert A. Jouanny, *Jean Moréas : Ecrivain français* (Paris : Minard, 1969) et aussi l'article de Krysinska « De la nouvelle école : A propos de l'article de M. Anatole France dans *Le Temps* sur M. Jean Moréas », *La Revue indépendante* 18.52 (février 1891), pp. 265–67.

HÉLÈNE

1 Première publication avec « Eve » et « Magdelaine », *La Revue indépendante* 14.41 (mars 1890).

2 Pas de dédicace dans *La Revue indépendante*. Rédacteur de la *Revue d'assyriologie et d'architecture orientale*, Eugène Ledrain (1844–1910) traduisit la Bible (Paris : Alphonse Lemerre, 1886) et publia de nombreux ouvrages concernant l'Orient, dont *Dictionnaire des noms propres palingénésiques* (Paris : E. Leroux, 1886) et plusieurs *Notices sommaires* concernant les collections du Musée du Louvre. Dans son article « Trois

femmes de lettres contemporaines » (*Nouvelle revue* ns 1 (1899), pp. 264–76), Ledrain écrivit un résumé de l'œuvre de Krysinska, en particulier « La Reine des Neiges », « Le Menuet » et « Mariage de raison ». Voir *Larousse mensuel illustré* 39 (mai 1910), p. 696.

MARIE

1 Première publication : *Le Chat noir* 438 (7 juin 1890), p. 1552.

2 Dédié à Rodolphe Salis dans *Le Chat noir*. Le poète Abraham-Catulle Mendès (1841–1909) épousa Judith Gautier (1845–1917), la fille aînée de son maître Théophile Gautier. Son salon littéraire qui se réunissait le mercredi rue de Bruxelles, puis rue de Douai, et sa *Revue fantaisiste* (1861) hébergèrent, avec le salon chez la mère de son ami Louis-Xavier de Ricard, les premières initiatives parnassiennes. Présent aux trois livraisons du *Parnasse contemporain*, qui rassemblèrent de grands poètes (Leconte de Lisle, Baudelaire, Gautier, Banville et Heredia) et de jeunes disciples (Coppée, Verlaine et Mendès lui-même), il en raconta la genèse dans *La Légende du* Parnasse contemporain (Bruxelles : A. Brancourt, 1884). On note aussi son roman *L'Homme tout nu* (Paris : Victor-Havard, 1887 ; réimpression récente chez Hallier, 1980) et *Le Mouvement poétique français de 1867 à 1900* (Paris : Imprimerie Nationale, 1903). Voir Adrien Bertrand, *Catulle Mendès* (Paris : E. Sansot et cie, 1908) ou Maurice Souriau, *Histoire du Parnasse* (Paris : Editions Spes, 1929).

3 Descendants d'Esau, les Amalécites sont les pires ennemis des Israélites.

MAGDELAINE

1 Première publication avec « Eve » et « Hélène », *La Revue indépendante* 14.41 (mars 1890).

2 Pas de dédicace dans *La Revue indépendante*. Poète, essayiste, romancier, dramaturge, critique d'art, Arsène Houssaye (pseudonyme d'Arsène Housset ; 1815–1896) vécut d'abord en écrivant des romances sentimentales pour les chanteurs ambulants. Théophile Gautier l'introduit dans le groupe de l'impasse du Doyenné, haut lieu des petits romantiques. Houssaye dirigea la revue *L'Artiste*, et devint par la suite administrateur de la Comédie-Française (1849–56), inspecteur des musées de province (1857), directeur de la *Revue du XIXe siècle* (1866) et président de la Société des gens de lettres (1884). Voir ses *Souvenirs de jeunesse, 2 tomes* (Paris : E. Flammarion, 1896) et Beaumarchais et al., *op. cit.*, tome 2, p. 1042.

CONTES

LA REINE DES NEIGES

1 Poème inédit avant la publication des *Rythmes pittoresques.*

2 Nous n'avons pas d'informations sur Mlle Renée de Riny ; peut-être fut-elle parente d'un E.-Théodore Riny, qui publia des *Bloc-notes sur la Roumanie, lettre ouverte à ses amis* [signé : E.-Théodor Riny. 26 janvier 1886.] (Mayenne : impr. de A. Nézan, 1886).

3 Les Hyperboréens sont un peuple mythique, situé « au delà du vent du nord ». Selon la légende, Apollon retourne chez eux « tous les dix-neuf ans, période au bout de laquelle les astres ont accompli une révolution complète et sont revenus dans la même position [. . .] et là, chaque nuit, entre l'équinoxe de printemps et le lever des Pléiades, on l'entend chanter ses propres hymnes, en s'accompagnant sur la lyre ». En ce qui concerne ce poème, il est intéressant de noter aussi qu'on prête aux Hyperboréens « la connaissance de la magie. Ils pouvaient se déplacer dans l'air, trouver les trésors, etc. » (Grimal, *op. cit.*, pp. 217 et 218).

4 On aurait tendance à croire que le racisme dans ce poème suit l'anti-sémitisme de l'époque. Curieux, puisque certaines descriptions de Krysinska indiquent qu'elle était elle-même juive (Arkell, *op. cit.*, note sur « Chanson d'automne » ci-haut ; et Laurent Tailhade, « Causerie sur Paul Verlaine », *La Plume* 134 (15 novembre 1894), pp. 463–67 (p. 465 ; voir l'introduction de cette édition p. 9 n. 31)). Mais selon Maria Kasterska, les funérailles de Krysinska auraient eu lieu dans une église près de son dernier domicile, 17 rue le Chapelais (Maria Kasterska, « Marie Krysinska (Bellanger) : Creator of Modern French Free Verse », trad. Seth Whidden dans Whidden, « Subversions in Figure and Form : The Post-Parnassian Women and Versification of Arthur Rimbaud and Marie Krysinska », thèse doctorale, Université Brown, 2000, pp. 199–207).

BALLADE

1 Dédié au futur époux de la femme-poète, ce poème parut d'abord dans *Le Chat noir* 46 (25 novembre 1882), p. 2.

2 Sur le mari de la femme-poète, voir l'introduction de cette édition, surtout pp. 4–5.

ROMAN DANS LA LUNE

1 Avec le sous-titre « Poème en prose », ce poème fut publié d'abord dans *La Libre Revue* 4 (16–30 novembre 1883), pp. 80–81.

2 Présent au Chat noir, Edmond Haraucourt (1857–1941) fut écrivain, auteur dramatique et administrateur qui fit partie des Zutistes et des

Hydropathes de 1884. Sa carrière littéraire commença en 1883 avec le recueil poétique *La Légende des Sexes : poèmes hystériques* (Bruxelles, 1882), publié sous le nom Edmond H., le Sire de Chambley. Aussi écrivit-il des romans, dont *Amis* (Paris : G. Charpentier et Cie, 1887) ; des contes philosophiques et des pièces de théâtre ; notons en particulier son *Shylock, comédie en trois actes et sept tableaux, en vers, d'après Shakspeare* [sic], dont les poèmes ont été mis en musique par Gabriel Fauré (Paris : G. Charpentier, 1889). Il fut nommé directeur du Musée de sculpture au Trocadéro en 1893, conservateur du musée de Cluny en 1903 et président de la Société des Gens de Lettres en 1920 (Caradec, *op. cit.*, p. 220 ; Curinier, *op. cit.*, tome 5, p. 4.). Voir ses *Mémoires des jours et des gens* (Paris : E. Flammarion, 1946) ou Jean Marot, *Le Bel Exemple d'Edmond Haraucourt : Etude critique* (Poitiers : Impr. de l'Union, 1936).

LA CHARITÉ

1 Première publication : *Le Chat noir* 394 (2 août 1889), p. 1374.

2 Pas de dédicace dans *Le Chat noir*. Gaston de Raimes fut l'auteur de nombreux ouvrages poétiques, dont *Les Croyances perdues. 1877–1881* (Paris : A. Lemerre, 1882) ; *L'Ame inquiète : la Mer et l'amour, l'Ame inquiète ; Vers pour être lus à deux ; Au bord du gouffre. 1880–1884* (Paris : A. Lemerre, 1884) ; *A Corneille, poésie dite par M. Paul Mounet au théâtre national de l'Odéon, le 6 juin 1885* (Paris : A. Lemerre, 1885) ; ainsi que de comédies, dont *Jean Doublet, comédie héroïque en 5 actes, en vers* (Paris : A. Lemerre, 1909) et *Le Sac, comédie en 1 acte et en vers, par MM. André Alexandre et Gaston de Raimes* (Paris : Alcan-Lévy, 1888). On note aussi qu'il collabora avec Krysinska plusieurs fois : *Bonjour, printemps*, paroles de Gaston de Raimes, musique de Marie Krysinska, *L'Eclair : Supplément littéraire illustré* 10 (24 juillet 1894), p. 8 ; et *Mère*, musique de Marie Krysinska, *Gil blas illustré* 5.21 (26 mai 1895), p. 8.

3 Sans doute une référence au roman à clefs d'Emile Goudeau, *La Vache enragée* (Paris : P. Ollendorff, 1885) ; en 1896 paraîtra *La Vache enragée, journal mensuel illustré*, fondé par l'artiste Adolphe Willette.

NATURE MORTE

1 Poème inédit avant la publication des *Rythmes pittoresques*.

2 Le caricaturiste Jean-Louis Forain (1852–1931) fut reçu au salon de Nina de Villard à l'âge de vingt-cinq ans (Caradec, *op. cit.*, p. 142). Il débuta à *La Cravache parisienne* en 1876 et publia ensuite des dessins dans *Le Journal amusant*, *Le Figaro* et *L'Echo de Paris*. Il se rangea du côté des opposants à la révision du procès du capitaine Dreyfus et fonda, avec Caran d'Ache, *Psst*, qui devint un véhicule d'un antisémitisme ardent (Bénézit, *op. cit.*,

tome 4, p. 430). Il réunit ses dessins dans des recueils tels que *La Comédie parisienne* (Paris : G. Charpentier et E. Fasquelle, 1892) et *Les Temps difficiles* (Paris : Charpentier et Fasquelle, 1893). Voir Jean-François Bory, *Forain* (Paris : H. Veyrier, 1979) ou Jean Puget, *La Vie extraordinaire de Forain* (Paris : Editions Emile-Paul, 1957).

3 Toute emphase reproduit la version originale.

LES RÉSURRECTIONS

LES DANSES

1 Ce groupe de poèmes fut publié dans *Le Chat noir* comme suit :

« Les Danses : Danse d'Orient », *Le Chat noir* 445 (26 juillet 1890), p. 1580.

« Les Danses : I : Menuet ; II : Danses d'Espagne », *Le Chat noir* 443 (12 juillet 1890), p. 1572.

« Les Danses : III. La Gigue », *Le Chat noir* 447 (8 août 1890), p. 1588.

« Les Danses : VIII : La Pavane ; IX : Javanaises », *Le Chat noir* 450 (30 Août 1890), p. 1601.

« Danse slave », *Gil Blas illustré* 3.44 (29 octobre 1893), p. 2.

Le poème « Valse » est le seul qui ne fit pas partie de ce groupe, restant inédit jusqu'à la publication des *Rythmes pittoresques*.

LA PAVANE

2 Dédié à Maurice Donnay dans *Le Chat noir*. Hydropathe qui participa aux dîners des Vilains-Bonshommes, Paul Arène (1843–1896) se rendit célèbre en 1870 pour son *Jean-des-Figues* (Paris : Librairie internationale, 1870) (Caradec, *op. cit.*, p. 165). Il participa, avec Alfred Delvau, Jean Du Boys, Alphonse Daudet et d'autres, au *Parnassiculet contemporain, recueil de vers nouveaux* (Paris : J. Lemer, 1866). Voir Roger Gagnier, *Paul Arène : Sa vie, son œuvre* (Raphèle-lès-Arles : CPM, 1993).

MENUET

1 Pas de dédicace dans *Le Chat noir*. Vital Hocquet, dit Narcisse Lebeau, secondait George Auriol, après Albert Tinchant, au poste de « secrétaire de la direction » du *Chat noir* jusqu'au 21 janvier 1893. Il écrivit un compte rendu des *Rythmes pittoresques* (voir pp. 152–53 de cette édition) ainsi que des « monologues en prose » : *Deuil de couleur, monologue en prose* (Paris : Sichler, 1888) ; et *Cadeaux de noces, monologue en prose* (Paris : Sichler, 1889).

DANSE D'ESPAGNE
1 Publié sous le pluriel « Danses d'Espagne » dans *Le Chat noir*.
2 Pas de dédicace dans *Le Chat noir*. Robert Bernier fut rédacteur de *La Chronique moderne. Littérature, théâtre, art* (c. 1889) et l'auteur de *Balzac socialiste* (« Extrait de la *Revue socialiste* », Paris : P. Sevin, 1892).

DANSE D'ORIENT
1 Pas de dédicace dans *Le Chat noir*. Le 22 décembre 1883, George Auriol (de son vrai nom Jean-Georges Huyot, 1863–1938) devint à vingt ans « secrétaire de la direction » du *Chat noir* ; il occupa ce poste pendant dix ans. Il remplaça en 1893 Léon Gandillot comme rédacteur en chef et, avec son grand ami Alphonse Allais, resta en tête du *Chat noir* jusqu'à l'extinction de la revue. Chansonnier, poète et peintre qui s'intéressa plus tard au graphisme de l'édition, ses illustrations furent influencées par Henri Rivière, un autre « japoniste », et ses créations typographiques par Eugène Grasset (Caradec, *op. cit.*, pp. 222–23, 229 et 295). Voir Armond Fields, *George Auriol* (Layton, UT : Gibbs M. Smith / Peregrine Smith Books, 1985).
2 Connu aussi sous le nom « dumbek » et parfois épelé « darbouka », c'est le « nom donné par les populations du nord de l'Afrique à une sorte de tambour, formé d'un pot de terre recouvert d'un parchemin, lequel est principalement en usage dans l'exécution des danses nationales » (Pierre Larousse, *Grand dictionnaire universel du XIXe siècle*, 17 tomes (Paris : Administration du *Grand dictionnaire universel*, 1865), tome 6, p. 499).
3 Autrement épelé « narghileh » ou « narguilé », il s'agit d'une « pipe turque, indienne ou persane, composée d'un fourneau, d'un long tuyau et d'un vase plein d'eau parfumée, que la fumée traverse avant d'arriver à la bouche » (Larousse, *op. cit.*, tome 11, p. 841).

JAVANAISES
1 Pas de dédicace dans *Le Chat noir*. Après son début au Théâtre Libre le 30 novembre 1891 (dans *La Rançon* de Gaston Salandri), Irma Perrot joua dans six autres pièces pendant la saison 1892–1893, pour laquelle Henri-Gabriel Ibels fit l'illustration du programme (Adolphe Thalasso, *Le Théâtre Libre : Essai critique, historique et documentaire* (Paris : Mercure de France, 1909), pp. 245–57 ; et Phillip Dennis Cate, éd., *The Graphic Arts and French Society, 1871–1914* (New Brunswick, NJ : Rutgers UP, 1988), p. 150). Elle fut également le sujet d'une affiche d'Ibels (lithographie de 1892, dans la collection du Jane Voorhees Art Museum, New Brunswick, NJ, ZAM #1992.0751 ; voir aussi Georges d'Esparbès et al., *op. cit.*, p. 71). La présence de Perrot est liée à celle de Krysinska au Chat noir : « Dimanche

dernier, malgré le beau temps, grande affluence dans nos murs pour l'in-auguration de la *Goguette du Chat noir*, sous la presidence [sic] de son fondateur, notre ami et collaborateur Jules Jouy. On y a entendu et applaudi Mmes Marie Krysinska dans d'exquises et suggestives musiques de sa composition, Dérigny, Irma Perrot, Noraly dans de vieilles chansons pittoresques. . . » (*Le Chat noir* (6 juin 1891), p. 1760). Aussi fut-elle sujet d'un des poèmes du cycle « Effigies » dans le recueil *Joies errantes* de Krysinska :

> Factice simplement. Par les grâces savantes
> Très femme ; mais enfant par la joie ingénue
> Qui montre, au gré du rire clair, ses dents charmantes,
> Enluminant les lèvres dont l'arc fier s'atténue
> A cette sonnerie de gaîté enchantante.

> Noires le soir, le jour d'outremer ses prunelles
> Ont la grave beauté des grandes amoureuses,
> Brillant parmi l'iris dont la nacre étincelle ;

> Finement d'or ; les cheveux en boucles câlines
> Se pâment vers ses yeux : — telle l'eût révée [sic] Greuze
> En ces boucles — comme des paroles — câlines. (pp. 70–71)

DANSE SLAVE

1 Même dédicace dans *Gil Blas illustré*. Publiciste et député, Alphonse Humbert (1846–1922) fut condamné plusieurs fois pour ses écrits révo-lutionnaires sous l'Empire. Pendant le siège de Paris, il collabora au *Père Duchene* et fut condamné aux travaux forcés à perpétuité par le 3ᵉ conseil de guerre. Transporté en Nouvelle-Calédonie, il ne revint à Paris qu'après son amnistie, en 1879 ; ainsi publie-t-il *L'Art de ne pas payer ses dettes* sous le pseudonyme d'Onésime Boquillon (Paris : Chez tous les libraires, 1874). Après une nouvelle condamnation pour avoir qualifié de « prostituée » la justice française, il réussit à se faire élire conseiller municipal du quartier de Grenelle en 1886 et présida le Conseil municipal de Paris de 1893 à 1894. Lors de l'affaire Dreyfus « il s'est rangé, au Parlement comme dans la presse, au nombre des défenseurs de l'état-major, et ses discours, comme ses écrits, très militaristes, l'ont mis au nombre des membres les plus en vue du parti nationaliste » (Curinier, *op. cit.*, tome 3, pp. 172–73).

2 Une veste de laine brute.

3 Une casquette.

LA GIGUE

1 Pas de dédicace dans *Le Chat noir*. Poète, Adrien Dézamy écrivit des sonnets qui s'inspirèrent de tableaux, dont *Le Salon. Sonnets. Premier dixain* (Paris : Alcan-Levy, 1875) et *Salon de 1875 : Reproductions des principaux ouvrages accompagnées de sonnets* (Paris : Goupil, 1876). Son poème « Noël » fut accompagné de la musique de G. Fragerolle dans *Le Chat noir* du 21 décembre 1889, et on note aussi, plus récemment : *L'Hiver s'envole : chœur à deux voix de femmes*, musique de Gabriel Pierné, poésie de Adrien Dézamy (Paris : A. Leduc, 1956).

SONATE

1 Première publication : *Annales artistiques et littéraires* (1890), pp. 41–42, accompagné d'une note de la rédaction des *Annales artistiques et littéraires*, note qui serait citée plus tard par Rosny dans sa préface aux *Rythmes pittoresques* (voir le début de notre édition).

LE DÉMON DE RACOCZI

1 Première publication : *La Libre Revue* 6 (16–31 décembre 1883), pp. 132–34.

2 Sans doute s'agit-il de Jean Désiré Ringel d'Illzach (1847–1916), sculpteur et graveur en médailles dont *La Marche de Rakoczy* au Jardin du Luxembourg fut la référence clef de ce poème. Ringel devint Sociétaire des Artistes Français en 1888 et membre de la Société Nationale des Beaux-Arts en 1904. Parmi ses nombreuses œuvres nous notons des bustes ou médaillons de Maurice Rollinat et Sarah Bernhardt (Bénézit, *op. cit.*, tome 8, p. 772). Dans une lettre à Charles Henry le 13 octobre 1882, Jules Laforgue demande, « Connaissez-vous Ringel ? Il est sans doute des intimes de Marie Krysinska » (Jules Laforgue, *Œuvres complètes : Edition chronologique intégrale*, éd. Jean-Louis Debauve, Daniel Grojnowski, Pascal Pia, Pierre-Olivier Walzer, David Arkell et Maryke de Courten, 3 tomes (Lausanne : L'Age d'Homme, 1986–2000), tome 1, pp. 803–04).

L'ANGE GARDIEN

1 Poème inédit jusqu'à la publication des *Rythmes pittoresques*.

2 Nous avons très peu d'informations sur le père de la femme-poète. L'acte de mariage entre elle et Bellenger indique qu'elle est « fille majeure de Xavier Krysinski, avocat demeurant à Varsovie » (Georges Bellenger, Acte de mariage de Bellenger et Marie Krysinska. 1885 Ms. 782. Direction des Services d'Archives, Paris). Selon Léon de Bercy, M. Xaverny Krysinski fut « un éminent avocat de Varsovie » (Léon de Bercy, *Montmartre et ses chansons : Poètes et chansonniers* (Paris : H. Daragon, 1902), p. 45).

PARADOXE

1 Poème inédit jusqu'à la publication des *Rythmes pittoresques*.

2 Né en 1856, François Doré Comte de Nion fut rédacteur de *La Revue indépendante* de 1889 à 1895. Son père le Comte de Nion (1794–1863) « fut le signataire du traité de Tanger qui mit fin à la guerre contre le Maroc (1844) ». Après une carrière diplomatique, François commença sa carrière littéraire en 1885 dans la *Nouvelle Revue*. Il écrivit une trentaine de livres, dont une édition du journal de Stendhal (Paris : E. Fasquelle, 1899) et de nombreux articles parus dans *Le Figaro*, *Le Gaulois*, *L'Echo de Paris*, *La Revue hebdomadaire* et la *Revue encyclopédique*, « tantôt sous son nom, tantôt sous le pseudonyme balzacien La Palférine » (Michelis di Rienzi, *Profils contemporains* (Paris : Guérin, 1899), p. 219). Membre du comité de la Société des Gens de Lettres, il mourut en janvier 1923 (Curinier, *op. cit.*, tome 1, p. 130).

MÉTEMPSYCOSE

1 Poème inédit jusqu'à la publication des *Rythmes pittoresques*.

2 Ecrivain et artiste, un des vice-présidents des Hydropathes (Goudeau, *op. cit.*, p. 57), Georges Lorin (pseudonyme Cabriol ; 1850–1927) fit des caricatures pour *L'Hydropathe* (1879–1880). Il fut également l'auteur d'une « fantaisie rimée » intitulée *Les Gens* (Paris : P. Ollendorff, 1882) et de *Pierrot voleur !*, une « comédie en un acte en vers » (Paris : P. Ollendorff, 1896). C'est son *Paris rose* (Paris : P. Ollendorff, 1884) qui est peut-être l'œuvre la plus intéressante, puisqu'elle incorpore des images en silhouette dans le texte afin de suggérer le mouvement d'une page à l'autre, ce qui préfigure en quelque sorte le mouvement d'images sur l'écran.

Variantes

Comme nous l'avons déjà vu, Marie Krysinska n'a pas hésité à modifier un poème d'une version à une autre.[1] Pour présenter toute l'histoire des *Rythmes pittoresques*, nous nous permettons de noter ici toutes les variations de typographie, de choix de mots et d'orthographe entre les poèmes du recueil et les versions qui parurent avant 1890. Les chiffres renvoient aux vers des poèmes, ou aux alinéas pour des poèmes en prose ou en vers libres. Aux lecteurs de voir si Krysinska avait des motivations ultérieures en remaniant ses poèmes et en les préparant pour ce recueil. Certains se mettront sans doute du côté de Dujardin et diront que la femme-poète aurait essayé de tricher en changeant des vers pour qu'ils ressemblent plus à des vers libres.[2] Or, d'autres verront que certains de ses poèmes furent mieux réussis dans la première version, qui précéda celle des *Rythmes pittoresques*, comme par exemple « Menuet »...

MIRAGES

LA SOURCE
8–13 Ces vers sont, dans *Le Chat noir* :

> Regards, infatigables pèlerins
> Sur les chemins
> De la Beauté,
> Buvez les fraîches ondes
> De verte clarté
> Pleuvante si tranquillement,

24–25 Ces vers sont, dans *Le Chat noir* :

> Des poussins s'ébattant au soleil,
> Dans les cours des fermes.

---

1 A ce propos, voir l'introduction de cette édition, surtout pp. 10–19.
2 Voir l'introduction de cette édition, pp. 10–19. L'opinion de Dujardin, qui a été répétée sans réflexion sérieuse par Bernard, et maints autres depuis, continue de jouir d'un certain succès, même s'il semble que très peu de critiques aient véritablement lu les poèmes en question.

RONDE DE PRINTEMPS

On attribue ce poème à Marie « Kryzinska » [sic] dans *Le Chat noir*.

2   Pas de tiret après « bras » dans *Le Chat noir*.

6–7 Ces vers sont légèrement éloignés de la marge dans *Le Chat noir*. De même pour les vers 15–16 et 23–24.

8   Pas de tiret après « fêtes » dans *Le Chat noir*.

10   « Dans les Près, » [sic] dans l'édition de 1890.

15   Pas de virgule après « oiseaux » ni après « outrés » dans *Le Chat noir*.

18   Virgule — et non deux points — après « s'enlacent » dans *Le Chat noir*.

20   Pas de virgule après « furtif » dans *Le Chat noir*.

22–24 Pas de tiret après « Bouleaux » ni après « extatique » dans *Le Chat noir*.

LES FENÊTRES

3   « s'épanouir », et pas de tiret dans cet alinéa dans *Le Chat noir*.

10   « mousseline fanée » est « mousseline défraîchie » dans *Le Chat noir*.

12–13 Pas de tiret après « rideaux », ni après « d'aveugles », dans *Le Chat noir*.

14   Virgule après « Où » et un point, au lieu des points de suspension, après « livides » dans *Le Chat noir*.

16   Point-virgule après « bleu » dans *Le Chat noir*.

17   Pas de tiret dans cet alinéa dans *Le Chat noir*.

17–18 Pas de séparation entre ces alinéas dans *Le Chat noir*.

23   « doucement » est écrit « doncement » [sic] dans *Le Chat noir*.

25   Dans *Le Chat noir*, on lit : « Il ouvre ses millions d'yeux en becs de gaz, ».

26   Cet alinéa se lit « Et dans la tourbillonnante et frénétique atmosphère du soir, les fenêtres revivent ; » dans *Le Chat noir*.

28   Virgule, au lieu des deux points, dans *Le Chat noir*.

29   La fin de l'alinéa se lit « leurs grappes joyeuses, comme des fruits merveilleux » (sans ponctuation) dans *Le Chat noir*.

31   « bâillements » s'écrit « baillements » dans *Le Chat noir*.

32   Cet alinéa se lit, dans *Le Chat noir* :

> Sous les combles, la pauvre chandelle grelotte.
> Le bec de gaz pique sa tapageuse lumière aux entresols des restaurants, montrant un bout de banquette rouge aux clous dorés.

33 Dans *Le Chat noir*, on lit :

> Et lampes, chandelles, candélabres et becs de gaz confondent leurs notes disparates dans une symphonie de rayons ;

35–36 Pas de séparation entre ces alinéas dans *Le Chat noir*.

SYMPHONIE EN GRIS

Comme on l'a mentionné dans l'introduction de cette édition, il y a maintes différences typographiques entre les deux versions de ce poème. Voici donc le poème tel qu'il parut dans *Le Chat noir* :

> Plus d'ardentes lueurs sur le ciel alourdi, qui semble tristement rêver.
> Les arbres, sans mouvement, mettent dans le loin une dentelle grise.
> Sur le ciel qui semble tristement rêver, plus d'ardentes lueurs.
> Dans l'air gris flottent les apaisements, les résignations et les inquiétudes.
> Du sol consterné monte une rumeur étrange, surhumaine.
> Cabalistique langage entendu seulement des âmes atten-tives.
> Les apaisements, les résignations, et les inquiétudes flot-tent dans l'air gris.
> Les silhouettes vagues ont le geste de la folie.
> Les maisons sont assises disgracieusement comme de vieilles femmes.
> Les silhouettes vagues ont le geste de la folie.
> C'est l'heure cruelle et stupéfiante, où la chauve-souris déploie ses ailes grises, et s'en va rôdant comme un mal-faiteur.
> Les silhouettes vagues ont le geste de la folie.
> Près de l'étang endormi le grillon fredonne d'esquises [sic] romances.
> Et doucement ressuscitent dans l'air gris les choses en-fuies.
> Près de l'étang endormi le grillon fredonne d'exquises romances.
> Sous le ciel qui semble tristement rêver.

HORIZONS

Le poème porte la date 1888 dans *La Plume*.

4 « Le rude peau » dans *La Plume*.

12 « au bord » dans *La Plume*.

EFFET DE SOIR

1 Point, au lieu de la virgule, dans *La Revue indépendante*.

3 Virgule, au lieu du tiret, dans *La Revue indépendante*.

4 Virgule, au lieu du tiret, dans *La Revue indépendante*.

5–6 Pas d'espace blanc avant ni après ces deux vers dans *La Revue indépen-dante*.

11 Pas de tiret dans *La Revue indépendante*.

11–12 Pas d'espace blanc entre ces vers dans *La Revue indépendante*.

15 Pas de tiret dans *La Revue indépendante*.

26 Pas de tiret dans *La Revue indépendante*.

CHANSON D'AUTOMNE

On attribue ce poème à Marie « Krysynska » dans *Le Chat noir*.

2   « éperdument » dans *Le Chat noir*, ici et au vers 7.

SYMBOLES

LES BIJOUX FAUX

4–5   Dans *Le Chat noir*, ces alinéas forment un seul, à savoir :

> Et leurs tiges de laiton, soigneusement enveloppées de ouate et recou-
> vertes de taffetas, — étaient d'un vert radieux et s'élançaient avec des
> poses gracieuses,

6   Virgule au lieu du point-virgule et du tiret dans *Le Chat noir*.

7   Pas de tiret entre « étrange » et « de roses », et « étaient » continue l'al-
      inéa précédant dans *Le Chat noir*.

8–9   Pas de séparation entre ces alinéas dans *Le Chat noir*.

11–12 Pas de séparation entre ces alinéas dans *Le Chat noir*.

12   Virgule après « papier d'argent » dans *Le Chat noir*.

12–13 Séparation entre ces alinéas dans *Le Chat noir*.

20   Pas de tiret entre « étincelent » et « pareils », et pas de virgule après
      « porcelaine » dans *Le Chat noir*.

VILLANELLE

8   Pas de virgule entre « Et » et « des tendres nuées » dans *Le Chat noir*.

LE CALVAIRE

7   Pas de tiret dans *La Revue indépendante*.

8   Pas de tiret dans *La Revue indépendante*.

17   Point, au lieu du point d'exclamation, dans *La Revue indépendante*.

21   « ta Face » dans *La Revue indépendante*.

24   Pas de tiret dans *La Revue indépendante*.

26   Point, au lieu du tiret, dans *La Revue indépendante*.

27   « Une miraculeuse paix » dans *La Revue indépendante*.

28   Virgule après « pluie » dans *La Revue indépendante*.

30   Pas de virgule après « Et » dans *La Revue indépendante*.

32   Point-virgule, au lieu du tiret, dans *La Revue indépendante*.

33   « Comme un pont » dans *La Revue indépendante*.

34   « Ethéréennes » dans *La Revue indépendante*.

35   « pont » dans *La Revue indépendante*.

BERCEUSE MACABRE

1   « heures. » dans *Le Chat noir*.

2   « mort, » dans *Le Chat noir*.

11   « O souvent » dans *Le Chat noir*.

LE HIBOU

10   « chuchotant de mystérieuses paroles » dans *La Vie moderne*.

14   Pas de tiret entre « le ciel, » et « qui lui parle » dans *La Vie moderne*.

15–18 Dans la version de *La Vie moderne*, ces vers apparaissent ainsi :

> Et l'oiseau crucifié entend ce chant, et oubliant sa torture et son
> agonie, agrandissant ses blessures, — ses saignantes blessures, —
> il se penche pour mieux entendre.

20–23 De même avec ces vers :

> Et malgré les clous féroces qui te déchirent, agrandissant tes
> blessures, tes saignantes blessures, tu t'élances vers l'Idéal, à la fois
> ton bourreau et ton consolateur.

FEMMES

ÈVE

13   « Les Lys » dans *La Revue indépendante*.

14   « ancensoirs » [sic] dans *La Revue indépendante*.

17   « Mélancolies » dans *La Revue indépendante*.

20   Pas de point-virgule après « oiseaux » dans *La Revue indépendante*.

ARIANE

3   Pas de virgule après « combat » dans *La Cravache parisienne*.

4   Pas de tiret après « l'amant » dans les deux versions ; virgule dans *Le Chat noir*.

5–6 Dans *La Cravache parisienne*, on lit :

> Sous son glaive aux éclairs meurtriers,
> Coucha toutes les jeunes et puissantes joies

Et dans *Le Chat noir*, on lit :

> Coucha, sous son glaive aux éclairs meurtriers,
> Toutes les jeunes et puissantes joies

7–8 Pas de séparation entre ces vers dans *La Cravache parisienne*.

9   Point-virgule après « Thésée » dans *La Cravache parisienne.*
11   Virgule après « s'endort » dans *La Cravache parisienne.*
12   Virgule entre « que » et « sur » dans *La Cravache parisienne.*
14–15   Pas de séparation entre ces vers dans *La Cravache parisienne.*
18   Pas de virgule entre « nus » et « aux » dans *La Cravache parisienne.*
19   Pas de virgule après « saphirine » dans *La Cravache parisienne.*
21   On lit « tombant ; » dans *La Cravache parisienne.*
27   Pas de virgule dans *La Cravache parisienne.*
29   « Vigne » dans *La Cravache parisienne.*
30   Pas de virgule entre « Et » et « cependant » dans *La Cravache parisienne.*
31   Virgule après « Satyres » dans *La Cravache parisienne.*
32   Tiret après « pleines, » dans *La Cravache parisienne.*
40   « Héros » dans *La Cravache parisienne.*
43   Virgule après « saint » dans *La Cravache parisienne.*
44   Pas de virgule, mais un point-virgule, après « aisselle » dans *La Cravache parisienne.*
46   « animale — divinité » dans *Le Chat noir.*
51   Des virgules après « caresse » et « aigle » dans *La Cravache parisienne.*
52   On lit « Belle » dans *La Cravache parisienne.*
55   Virgule à la fin du vers dans *La Cravache parisienne.*
57   Point, au lieu du point-virgule, dans *La Cravache parisienne.*
58–61   Ces quatre derniers vers sont présentés ainsi dans *La Cravache parisi-enne* :

> Et séduite, elle se donne
> Aux immortelles amours,
>   Du Dieu charmant
>   Dionisos.

HÉLÈNE

19–24   Dans *La Revue indépendante*, ces vers sont présentés ainsi :

> Sa tunique d'azur délicat
> Est retenue de riches agrafes,
>   Sur l'épaule nue couleur de colombe
> Et sur ses pieds blancs,

30   « Troie, » dans *La Revue indépendante.*
32   Pas de tiret après « heurtées » dans *La Revue indépendante.*
38   « nonchanlante » [sic] dans l'édition de 1890.
42   Pas de virgule après « roses » dans *La Revue indépendante.*
44   Ce dernier vers est en alinéa dans *La Revue indépendante.*

MARIE

La version qui parut dans *Le Chat noir* présente une typographie très différente de celle reproduite dans cette édition ; voici celle du *Chat noir* :

> La Jeune Fille nazaréenne amoureusement rêve. — Elle rêve aux exploits sans pareils — De l'admirable Jéhovah.
>
> C'est lui, dit-elle dans son cœur tremblant, — Qui exhaussa, — Par la seule force de son verbe, — Les murailles d'azur qui supportent son ciel.
>
> C'est lui qui enchaîna la mer farouche, — La mer gémissante éternellement, — La mer écumante de sa révolte vaine.
>
> C'est lui, dit-elle dans son cœur brûlant, — Qui délivra — Son peuple choisi, de la dure peine — Au pays d'Egypte, au pays d'exil.
>
> Et c'est son invincible valeur qui triompha — Des Amalécites ennemis de son nom glorieux.
>
> La Jeune Fille nazaréenne amoureusement rêve — Et le poids accablant — D'une humilité surhumaine — Fait incliner son front charmant.
>
> Or l'Ange annonciateur paraît à ce moment, — Et lui dit : Salut ! Marie, — Dans tes flancs tu porteras ton Dieu.

MAGDELAINE

15   Ce vers est en alinéa dans *La Revue indépendante*.

17–18 Pas de tiret après « charme » ni après « charme ! » dans *La Revue indépendante*.

22   « quelle » [sic] dans l'édition de 1890.

26–27 Pas de séparation entre ces vers dans *La Revue indépendante*.

33–34 Pas de séparation entre ces vers dans *La Revue indépendante*.

39–40 Pas de séparation entre ces vers dans *La Revue indépendante*.

CONTES

BALLADE

La version de ce poème qui parut dans *Le Chat noir* comporte un tel nombre de variations par rapport à la version reproduite dans cette édition que nous reproduisons ici la version du *Chat noir* :

I

Dans le parfum des violettes, des roses, et des acacias — ils se sont un matin rencontrés.

Auprès de son corsage entr'ouvert, dormaient des roses moins douces que sa gorge — et ses yeux qui semblaient deux noires violettes embaumaient comme le printemps.

Le soleil mettait des ruissellements de lumière d'or dans ses cheveux blonds ; — lui, regardait ses yeux, qui semblaient deux noires violettes.

Rapides sont les heures d'amour.

Un soir, sous les étoiles, elle lui dit : — Je suis à toi pour jamais.

Et les étoiles les ont fiancés ; — les étoiles moqueuses et froides.

Dans le parfum des violettes, des roses et des acacias.

Rapides sont les heures d'amour.

Un jour il est parti, comme les petites fleurs d'acacias neigeaient — mettant sur le gazon désolé, de grandes taches blanches pareilles à des linceuls où le papillon venait agoniser.

II

Est-il donc des parfums qui tuent ?

Une fois seulement il respira la fleur ténébreuse de ses cheveux ;

Une fois seulement, et il oublia l'enfant blonde qu'il avait un matin rencontrée ; dans le parfum des violettes, des roses et des acacias.

O les nuits perpétuelles, les belles nuits ! Les caresses, mortellement enivrantes, les baisers qui ont le goût du haschich, et les alanguissements plus doux que la volupté.

O les nuits perpétuelles, les belles nuits.

L'opoponax hantait son alcôve. Est-il donc des parfums qui tuent ?

Elle disait : — Je n'aimerai que toi — la traîtresse.

Et son corps inoubliable avait des mouvements de panthère dompté.

Un jour, il trouva des lèvres muettes et boudeuses.

O mais toujours ayant ce même goût du haschich — mortellement enivrant.

Les lèvres cruelles et muettes, comme les roses parfumées, qui attirent et ne rendent pas les baisers.

C'est en vain qu'il pleura plus qu'au jour où sa mère dans le tombeau s'était couchée.

Les yeux de la bien-aimée avaient des regards plus froids que les marbres des mausolées.

Et ses lèvres, ses lèvres si chères, restaient muettes comme les roses,

L'opoponax hantait son alcôve.

Est-il donc des parfums qui tuent ?

La panthère qu'il avait cru domptée, lui avait mangé le cœur.

Alors il maudit l'azur du ciel et les étoiles scintillantes.

Il maudit l'immuable clarté de la lune, le chant des oiseaux, et le feuillage qui chuchotte mystérieusement et perfidement quand approche la nuit apaisante.

III

Mais le cœur de l'homme est oublieux et infidèle.

Et maudire est bien triste quand revient la saison des aubépines.

Il se souvint de l'enfant blonde qui lui avait dit un soir sous les étoiles : — Je suis à toi pour jamais.

Et il revint.

Mais elle était allée dormir au cimetière, dans le parfum des violettes, des roses et des acacias.

LA CHARITÉ

25   Dans *Le Chat noir*, on lit :

> La Charité se dit
> En catimini :

55   « Sou, » dans l'édition de 1890.

LES RÉSURRECTIONS

LES DANSES

LA PAVANE

6   « nuictées ; » dans *Le Chat noir*.

7–9   Virgule après « brodées », « traînes » et « hautaines » dans *Le Chat noir*.

11   Virgule après « tendrement » dans *Le Chat noir*.

13   « cruelle ; » dans *Le Chat noir.*
14   Dans *Le Chat noir*, ce vers se lit:

        Car devant vos fenêtres même, ce matin,

15   Virgule après « seins » dans *Le Chat noir.*
18   « pavane » dans *Le Chat noir.*

MENUET

La disposition typographique de ce poème est mieux réussie dans *Le Chat noir*
que dans *Rythmes pittoresques* ; voici la première version :

        La soie fleurie
        Des longs corsages
        Palpite d'amour libertine et discrète ;
        Les galants paniers
           Où éclosent
        Des roses
           Brodées
        Se bercent au rythme lent et mesuré
           Du menuet.

        Et, près de l'oreille : vivante rocaille
           Le précieux éventail.
        Bat de l'aile comme un oiseau
           Mourant,

        Car le bien-aimé
           (En pourpoint
           De satin)
        Y vient roucouler
        Un mot si *osé*
           Vraiment.
        Que sous la neige légère des cheveux
        Et près des souriantes lèvres

        Le gracieux visage devient aussi rose
           Qu'une rose
        En porcelaine de Sèvres.

DANSE D'ESPAGNE

1   « vives, volez » et « chevelures brunes, » dans *Le Chat noir.*
5   « nuits. » dans *Le Chat noir.*
9   « pâmées » dans *Le Chat noir.*

10   « sanglotez. » dans *Le Chat noir.*
12   Virgule après « dans les paumes » dans *Le Chat noir.*
15   Point après « roses » dans *Le Chat noir.*
17–21 Cette dernière « danse » se lit ainsi dans *Le Chat noir* :

> Et vous, cœurs en liesse,
> Cœurs jaloux de traîtresses,
>   Éperdument battez
> D'amour profonde et folle.

DANSE D'ORIENT

4   « Soleil dans l'eau ; » dans *Le Chat noir.*
5   Virgule après « pendeloques » dans *Le Chat noir.*
7   « entre-choquent » dans *Le Chat noir.*
9   « Dorés : » dans *Le Chat noir.*
14–15 Pas de virgule après « vagues » ni « serpents » dans *Le Chat noir.*
16   Point-virgule à la fin du vers dans *Le Chat noir.*
17   Virgule entre « tandis que » et « harcelée » dans *Le Chat noir.*
25   « Sur la mer, » dans *Le Chat noir.*
26   Pas de tiret mais virgule entre « seigneur » et « turbané » dans *Le Chat noir.*
28   Virgule après « narguilhé » dans *Le Chat noir.*
29–31 Pas de virgules dans ce groupe de trois vers, et « *Son* joli sang » dans *Le Chat noir.*

JAVANAISES

3   « Oh ! mais » dans *Le Chat noir.*

DANSE SLAVE

2   « ciel ; » dans *Gil Blas illustré.*
4   « Brillants ; » dans *Gil Blas illustré.*
8   « miel, » dans *Gil Blas illustré.*
10–11 Pas de séparation entre ces vers dans *Gil Blas illustré.*
29   Point-virgule à la fin du vers dans *Gil Blas illustré.*

LA GIGUE

20   Ce vers est sur un alinéa à gauche dans *Le Chat noir.*
34   Comme le vers 20, ce vers est sur un alinéa à gauche dans *Le Chat noir.*
35–36 Ces vers sont en alinéa au même niveau dans *Le Chat noir.*

SONATE

11   Pas de tiret après « âmes » ni après « tendresse, » au vers 13, dans les
      Annales artistiques et littéraires.

18   Dans les *Annales artistiques et littéraires*, on lit : « Caresser la soie des
      courtines. »

25   Pas de point d'interrogation dans les *Annales artistiques et littéraires.*

31   Deux points après « bûchers » dans les *Annales artistiques et littéraires.*

45   Pas de point d'interrogation après « Encore. » dans les *Annales artistiques
      et littéraires.*

Annexe

Annonce de parution des *Rythmes pittoresques*

A.-F. Cazals, « Les Livres », *La Plume* 29 (1 juillet 1890), p. 2 :

L'éditeur Lemerre nous promet pour incessamment les *Rythmes pittoresques* de notre amie Marie Krysinska. Nous avons eu l'heur d'apprécier, manuscrits, les poèmes de l'artiste qu'est, à notre sens, celle qui nota de si exquises et si personnelles musiques sur des chansons de V. Hugo, de Charles Cros et de Fernand Icres ; et ces *Rythmes*, dont certains ouïs par nous au « Chat Noir » dès 1882 — c'est dire bien avant que n'eût éclaté la ridicule et suburbaine fanfare d'Anatole Baju — donnaient le *la* aux Chantres du Symbole et de l'Instrumentation, néophytes d'une religion qui, jà, comptait quelques prosé-lytes : Verlaine, Arthur Rimbaud, Marie Krysinska et enfla, depuis, de maniaques (ce Tridon !),[1] d'organistes (ce René Ghil !) et de rustauds (ce cher profane qui signe Raynaud — : *Javerinesse*[2] pour les dames et quelles. . . !).

Comptes rendus des *Rythmes pittoresques*

Cadillac, « *Rythmes pittoresques*, par Marie Krysinska, un volume. — Lemerre, éditeur », *Le Gaulois* (12 décembre 1890), p. 3 :[3]

C'est un volume que liront tous les curieux de littérature et d'art.

Le livre de Mme Krysinska se compose d'une série de poèmes en prose ; mais en *prose rythmée*.

L'auteur revendique, à juste titre, l'honneur de cette innovation ; et il faut convenir que, malgré quelques imperfections, cette première tentative est intéressante.

---

1 Sans doute s'agit-il de Louis Tridon, auteur de *Chardons et myosotis* (Paris : A. Ghio, 1881) et ami de Charles Cros et de Maurice Rollinat.
2 Surnom basé sur le nom du policier Javert des *Misérables* et donné à Raynaud, lui aussi un policier, par les prostituées de Paris.
3 Nous tenons à remercier Dorothy Speirs et le Centre d'études du 19e siècle français Joseph Sablé de leur aide avec ce compte rendu.

La prose cadencée de Mme Krysinska donne réellement des effets qu'il serait difficile d'obtenir avec le vers classique. Il y a dans ces courts poèmes une souplesse harmonieuse, une grâce molle et vague que la sévère prosodie des Parnassiens n'atteint pas toujours.

M. Rosny, qui a écrit la préface, affirme que le vers se meurt et que la prose rythmée va le remplacer. Attendons et ne nous pressons pas de juger.

Félicien Champsaur,. « Chronique parisien », *L'Evénement* (16 octobre 1890), p. 1 :

Je viens de relire, cette semaine, dans un coquet volume imprimé chez Lemerre, les poèmes en prose qu'une jeune femme, Mme Marie Krysinska a publiés, depuis 1882, dans l'illustre journal : *le Chat noir*. Le livre a pour titre : *Rythmes pittoresques*. Il y a là des pages délicieuses, et le distingué préfacier, M. Rosny, a raison de dire à l'originale artiste à qui devant le public littéraire, il offre le bras : « Votre prose rythmée possède une harmonie délicate ; l'euphonie des mots, le système des assonances, la modulation de la période et, d'autre part, la grâce, l'inattendu, la concentration, la saveur des images, ne laissent pas un instant de doute sur le caractère nettement et bellement poétique de votre travail ». Et, ce qui ne gâte rien, l'œuvre de Marie Krysinska a été nouvelle et personnelle ; car, comme le dit encore M. Rosny, tels morceaux parus en 1881 « offrent la technique des vers libres préconisés en ces derniers temps ». Si vous êtes artiste, lisez ce livre en l'ouvrant au hasard, il est tout fleuri de troublantes phrases et de jolies images neuves.

Que citer ? Voici les « danses javanaises ». Il vous souvient :

Les petites idoles

. . .

Pleuvent des musiques farouches et subtiles.[4]

C'est un tableau, et qui évoque l'ancienne vision. Je ne l'ai cité que parce qu'il est court ; ce petit livre de femme a des pages bien autrement exquises et il exhale un parfum très pénétrant, d'art étrange et rare.

---

4   « Javanaises », pp. 134–35 dans notre édition.

Jules Couturat, *La Revue indépendante* 48.17 (octobre 1890), pp. 120–21 :

En cinq parties : *Mirages.* — *Symboles.* — *Femmes.* — *Contes.* — *Résurrections*, se décompose l'original et remarquable livre où Mme Krysinska réunit, pour les présenter au public, ses essais de rénovation poétique. Voici presque dix ans cette idée lui vint de rajeunir la poésie en détruisant le classique moule du vers, remplacé par une prose rythmée suivant les besoins de l'Idée. D'autres depuis ont suivi, dans cette voie nouvelle, Mme Krysinska, mais pour la plupart, ils ont affecté d'ignorer qu'elle les précédait et jamais ne s'est égaré sous leur plume ou sur leurs lèvres son nom.

Elle est, certes, fort musicale et parfois d'une grâce adorable et d'une langueur pénétrante cette prose où les mots soigneusement sertis et les phrases savamment cadeucées [sic] se revêtent, comme d'une parure étincelante et fascinatrice, d'un charme à la fois doux et puissant, souriant et mélancolique.

En tête de ces *Rythmes*, M. Rosny a placé quelques observations pleines de bon sens et d'esprit critique. J'aurais simplement voulu qu'il ne décrétâta [sic] pas d'une manière aussi formelle la mort de la Poésie. Il y a de par le monde quelques artistes jeunes et pleins de bonne volonté qui travaillent à la rajeunir. Et penser qu'ils avorteront, c'est les chagriner — beaucoup.

Edouard Dubus, *Mercure de France* 12 (décembre 1890), pp. 443–44 :

Voilà un volume de poèmes en vers et strophes libres. Chaque pièce y est décomposée en idées principales, et chaque idée principale y est incarnée en une strophe formée de membres de phrase de longueur variable, assonant parfois ou bien n'assonant pas, afin d'exprimer les mouvements, les attitudes, les rapports, les différences des moindres pensées. Comme dans les *Palais nomades*, comme dans les *Cloches en la nuit*, comme dans le *Pèlerin* [sic] *passionné*, auxquels on a d'ailleurs montré la voie dès 1882, on a voulu, le titre en est un sûr témoignage, que le rythme régnât ici en maître absolu. *En tyran* ! diraient, non sans quelque raison, les partisans des formes classiques de la poésie française, qui, considérant chaque strophe comme une série préalablement déterminée de mesures musicales, et chaque vers comme une de ces mesures, variant de un à douze temps, estiment que le rythme trouve bien son compte dans les combinaisons infinies des sons plus ou moins longs, plus ou moins brefs, plus ou moins toniques, plus ou moins atones, qui peuvent se succéder en chaque mesure, mais, pour une nécessité d'harmonie, sans excéder jamais un total invariable de vibrations. Si, comme le veut Kant, *la variété dans l'unité* est la condition essentielle de la beauté, on n'aura point

accompli une œuvre purement esthétique en composant des poèmes où non
seulement chaque strophe a une telle autonomie qu'elle semble avoir rompu
tout rapport avec les autres, mais où chaque vers pousse encore si loin l'amour
de sa liberté que, mesuré *uniquement* par le mouvement spécial de la pensée
qu'il exprime, il se trouve dans l'impossibilité de s'harmoniser avec les autres :
ceux-ci obéissant à d'identiques exigences d'individualisme absolu.

Cette critique, toute de principes, n'est point pour diminuer la très réelle
valeur du livre de Mme Marie Krysinska. Si l'on veut bien le considérer non
comme un recueil de vers, mais comme un recueil de très raffinés poèmes en
prose, rythmés avec un art accompli, il y a bien des louanges à donner depuis
la première page jusqu'à la dernière. Tout d'abord, un sens aigu du symbole.
Les spectacles de la nature y sont de purs états d'âme, témoin ce féerique soir :

> C'est l'Heure épanouie comme une large Fleur
> . . . .
> A l'horizon perdu ;[5]

Puis des délicatesses et des langueurs exquises ; et encore, comme dans
« Effet de soir », une tristesse poignante, mais si discrète ! qui rappelle, en toute
originalité, de douloureux poèmes d'Edgar Poë. Cependant, s'il était permis
de marquer quelque préférence pour l'une des cinq parties dont se composent
les *Rythmes pittoresques*, celle intitulée : *Les Résurrections* semblerait devoir être
choisie. Mme Marie Krysinska y a exprimé, en de courts poèmes évocatoires,
l'essence de diverses danses : pavane, menuet, danse d'Espagne. . . si belle-
ment, si joliment, témoin :

> Les petites idoles
> . . .
> Hiératique et muet[6]

que les plus solides théories contre le vers et la strophe libres, si elles n'étaient
inébranlables, s'en trouveraient quelque peu ébranlées.

---

5 « Horizons », p. 43 dans notre édition.
6 « Javanaises », p. 97 dans notre édition.

Philippe Gille, « Poésie », *Le Figaro* (26 novembre 1890) :

C'est un plaisir singulier que de lire des vers qui n'en sont pas et qui pourtant ont toute la saveur et l'élévation de la poésie. Le livre que Mme Marie Krysinska vient de publier chez Lemerre, sous le titre de : *Rythmes pittoresques*, et qui comprend des assemblages de poésies, tels que : « Mirages », « Femmes », « Contes » et « Résurrections », a été pour moi une surprise et un charme. Délivrées de l'obstacle (précieux pourtant) de la rime et du mètre, les pensées, les images prennent une autre et plus libre allure ; on dirait d'une traduction d'un poème étranger, et l'œuvre de Mme Krysinska est pour l'oreille une nouvelle musique qui, pour n'être pas celle de notre vers français, possède cependant un charme pénétrant et incontestable.

Narcisse Lebeau, « Rythmes pittoresques, par Mme Marie Krysinska », *Le Chat noir* 457 (18 octobre 1890), p. 1628 :

« Nous désirons rappeler [. . .] Très comique chose, d'ailleurs, qu'un *groupe initial* ».[7]

Telle est la note qu'on trouve en tête du volume de Mme Marie Krysinska : RYTHMES PITTORESQUES, qui vient de paraître chez l'éditeur A. Lemerre.

En effet, l'auteur des *Rythmes* est un des rares qui n'aient pas publié le fameux « livre de début », ce livre hâtif dont les jeunes gens ont la rage de doter le public, avant d'être sûrs de leur personnalité et de leur esthétique.

Aussi, tandis que pleuvaient les plaquettes et les manifestes Christophe-Colombiens découvrant le *symbolisme*, connu — si je ne m'abuse — depuis feu le roi Salomon, Mme Marie Krysinska parfaisait patiemment ce livre condensé, dans une formule qui lui appartient, riche d'idées originales, d'un lyrisme audacieux et dans une langue claire et imprévue.

Cependant, Mme Marie Krysinska est loin d'être une inconnue dans le monde des lettres : Le *Chat noir*, la *Vie moderne*, etc. publiaient de ses poèmes dès 82, et la *Revue indépendante*, le *Gil Blas*, la *Revue Bleue*, la *Grande Revue*, donnèrent de remarquables nouvelles qui sont bien de la même main, soigneuse de forme, éprise d'inattendu et de pittoresque nouveau.

Aussi, de l'aveu même des *symbolistes*, si Mme Marie Krysinska fut si désinvoltement [sic] éliminée des articles qui battaient la grosse caisse autour des

---

7   Extrait des *Annales Artistiques et Littéraires*, 1er avril 1890 (p. 23 dans notre édition).

nouvelles préoccupations en art et des noms nouveaux, c'est — uniquement
— parce qu'elle est une femme (on n'est pas parfait !), mais peut-être aussi
parce qu'elle a eu l'indiscrétion d'être première en date dans l'affranchisse-
ment du vers ; — autrement dit : qu'elle a *imité* les *décadents* quatre ans avant
que les *décadents* ne fussent nés pour la littérature.

C'est ce qu'explique J.-H. Rosny, dans une remarquable préface où sont
tirées quelques oreilles de décadents. Cette préface a troublé, paraît-il, le
recueillement des chapelles où ces messieurs officient. N'importe ; il était
urgent de répéter à ces prétendus novateurs qu'ils n'ont inventé aucune
poudre, si ce n'est celle qu'on jette coutumièrement aux yeux de ses contem-
porains.

On pourrait se livrer à la plus sévère critique des différentes parties de
RYTHMES PITTORESQUES (*Mirages, Symboles, Femmes, Contes,
Résurrections*), sans y découvrir une seule faute contre le goût, ni la moindre
concession au snobisme.

La série des *Danses* suffirait à consacrer le volume. On se souvient des
Javanaises qui ont paru ici même :

Les mains délicates

. . . . . .

Pleuvent des musiques farouches et subtiles.[8]

Mme Krysinska nous apporte donc du vrai neuf écrit dans une langue intel-
ligible.

En résumé, *Rythmes pittoresques* est un beau livre d'où se dégage une véri-
table impression d'art et le souci du *jamais fait*. Ce sont là les indices d'un
absolu tempérament d'artiste, la chose la plus rare qui soit par ce temps de
littérature industrielle.

Charles Maurras, *L'Observateur français* 4.314 (10 novembre 1890), pp. 1–2 :

Mme Marie Krysinska vient de publier ses *Rythmes pittoresques*, qui sont
exquis. Faut-il crier à l'occasion : « Vivre la Pologne, Madame » ? Pour ma
part, j'en serais navré. La légion étrangère occupe à main armée tous les postes
intéressants des lettres parisiennes. Jean Moréas fut nourri par la noble
Athènes ; Charles Morice est d'Helvétie ; René Ghil, Maurice Mæterlinck,

---

8   « Javanaises », p. 97 dans notre édition.

Georges Rodenbach, sont Belges ; Louis Dumur vient de Russie ; Téodor de
Wyzeva, de Pologne ; Stuart Merrill, d'Ecosse ; et Gustave Kahn, de Judée.
    Dans les soirs de rumeurs et de batailles esthétiques, quand cinquante
poètes roulent en rangs serrés des hauteurs de l'Observatoire vers les sous-
sols vibrants de la place Saint-Michel, les Français de France apparaissent si
clairsemés que je me sentirais, pendant ces marches triomphales, enclin à
reporter mon admiration sur M. Cherbuliez et sur M. Delpit, si le premier
n'arrivait de Genève et le second du Mississipi. La tradition et l'innovation,
l'audace et la sagesse, le quelque chose et le rien sont à Paris pareillement
représentés par les Barbares, et le sens symbolique des statues de Shakespeare
et de Dante érigées dans nos carrefours, n'est plus à contester. Les Gaulois
sont dépossédés de leur langue.
    Ils l'ont voulu. Peuple bourgeois, ils ont la haine de tout mystérieux qui les
dépasse et qui les trouble. Ils ont chassé la poésie de leurs programmes d'en-
seignement. Un cuistre commente bien devant leurs fils les « règles » de la
prosodie latine ; il serait révoqué s'il enseignait l'agencement d'un vers
français. C'est le mot d'ordre, la consigne qu'il reçoit. Le Vers est pour les
gens de l'Université une chose lointaine à laquelle il faut accorder le même
respect qu'aux mythes solaires et aux vieilles légendes aryennes. Le cultiver
ainsi qu'un dieu vivant, présent, retentissant dans la confusion de nos gestes
serait superstition, et les superstitions coûtent cher, qu'elles aboutissent à
consulter des somnambules ou à payer trois francs cinquante un bon livre
eurythmé [sic].

    Et voilà comment il se peut que Mme Marie Krysinska ne soit pas une fille
de Gaules. Je la prie tout de même d'être la bienvenue, puisqu'elle a dit des
choses douces, qui font frémir éloquemment la vieille lyre de nos pères. La
chanson n'est pas insolite, autant que l'on pourrait le croire ou le craindre. Et,
disposées différemment par les typographes, je crois bien que nous en
entendîmes autre part, de ces subtiles phrases mélodieuses, assonnantes [sic],
dont l'oreille est captive très longtemps après que la voix a cessé de les
moduler :

        La jeune fille nazaréenne amoureusement rêve

        . . . .
        Les murailles d'azur qui supportent le ciel[9]

    De même qu'il n'y aurait pas d'inconvénient à mettre ces belles visions en

---

9 « Le Calvaire », pp. 52–53 dans notre édition.

régulières lignes de prose ; il n'y aurait aucune difficulté selon moi à disposer
en libres vers et versiculets une phrase de Flaubert ou même de Michelet. Ces
maîtres savaient déjà que toute période écrite ou parlée suit une courbe
parfaitement figurable [sic] ; aussi bien que le vers officieux et conventionnel,
la prose a ses accents, ses silences, ses coupures, ses roulements, son mètre,
sa vibration, son harmonie. Il y a des lignes fausses comme il y a des vers faux.
La merveilleuse phrase de Montesquieu (dans le dialogue de Sylla et
d'Eucrate) que Gustave Flaubert citait à tout propos se distribuerait parfaite-
ment en une strophe et le magnifique début de la phrase suivante : « Sylla, lui
dis-je » est un excellent vers de quatre syllabes dont le génie de l'écrivain a
senti là l'impérieuse nécessité.

Car telle est la gloire de la parfaite prose (ou du vers libre). Elle est toute
d'inspiration et de génie ; elle est donc immensément plus ardue que la poésie.
J'ai expliqué ici pourquoi, en vous entretenant du héros du *Termite* et de M.
Rosny. Le poète qui veut enclore sa pensée dans un alexandrin, hésite entre
les douze combinaisons qui lui sont offertes, de par l'essence de ce rythme. Il
n'y en a pas une de plus. Au lieu que la prose en peut offrir des myriades et
des infinités. C'est pourquoi je voudrais que M. Sarcey parlât moins souvent
de « sa prose » qui n'en est point une, et que Molière n'eût point profané le
nom de cet art suprême jusqu'à faire accroire à M. Jourdain qu'il faisait de la
prose quand il disait bonjour.

Et c'est pourquoi aussi les véritables proses sont aussi rares sur la terre que
les manifestations des bons anges. Tel n'est point l'avis, je le sais, de M. Rosny
à qui Mme Marie Krysinska a eu l'étrange idée de demander une préface et
qui a écrit ces mots surprenants : « . . .la poésie vaincue par la prose. . . » Mais
tandis que je pourrais remplir trois colonnes de ce journal avec le catalogue à
peine commenté des vrais poètes d'aujourd'hui, je n'y recenserais, en fait de
prosateurs, que des élèves de Flaubert (or, les reflets ne sont point des œuvres),
des copistes des Goncourt (à qui manque essentiellement la beauté), et deux
ou trois noms que je n'écrirai pas, n'ayant ni le temps ni le veuil [sic] de consid-
érer mon choix par des preuves. . .

Elle est donc bien près d'être un admirable maître de la Prose, Mme Marie
Krysinska, qui a érigé sur la platitude contemporaine le crucifix de cet éton-
nant Calvaire, dédié au parfait rythmeur parnassien, Raoul Gineste, en de
beaux rythmes dénoués comme une robe de sibylle :

> Dans la lande attristée, vers le ciel d'or glorieux,
> . . . .
> De la lande attristée — vers le ciel d'or glorieux.

Je ne crois pas qu'il soit possible de trouver dans toute la littérature fémi-
nine beaucoup de rêves comparables à cette magique image finale. Et il me
semble que peu d'hommes en seraient capables aussi. Ai-je dit que Mme Marie
Krysinska a tenté le vers libre, il y a huit ans, lorsque nul des poètes d'au-
jourd'hui n'y songeait encore ? Elle a donc inventé presque un art et, tout de
suite, elle a su revêtir sa trouvaille d'une grande beauté. Il faut lui en avoir
beaucoup de gratitude. Car les poètes ne sont point des superfluités ainsi que
l'imaginent quelques hommes d'Etat, et, de toutes les lois, de tous les
parlements, c'est encore le rythme qui nous fait le plus d'heur et d'honneur
dans le monde.

Aurélien Scholl, *Le Matin* (18 octobre 1890), p. 1 :

Tandis que les socialistes cherchent à fermer la boîte de Pandore et à organ-
iser la société sur des bases nouvelles, d'autres cherchent une formule littéraire
qui brise les anciens moules.

Toute conquête se traduit par un changement d'expression et de langage.
Guillaume II disait récemment : « La preuve que les Alsaciens et les Lorrains
sont allemands, c'est que, après deux siècles, ils parlent encore notre langue ».
Et pour les empêcher de redevenir français, il bannit des Etats annexés la
langue que ne lui avaient point imposée les traités de Westphalie, de Nimègues
et de Ryswick. Si Guillaume II avait conquis l'Algérie, il imposerait l'allemand
aux Arabes.

Quoique très ouvert aux innovations, j'ai peu goûté la prose obscure, entor-
tillée, prétentieuse, d'une école qui a déjà mordu la poussière.

Mes yeux sont-ils dessillés ? Suis-je le Polyeucte d'une poésie nouvelle ?
Voici que, tout à coup, je m'éprends des *Rhytmes* [sic] *pittoresques* de Marie
Krysinska. C'est un plaisir d'enfant — ou de marzouin — de se rouler dans
les vagues de sa prose scandée, à laquelle la typographie donne l'apparence
du vers, et de folâtrer entre ses iambes. Il y a là une cadence qui berce et qui
enivre. On dirait des couplets traduits d'une langue étrangère, et où le traduc-
teur ne met pas de rimes pour conserver la pensée intacte. La *Ronde du
printemps*, les *Mirages*, les *Résurrections* ont un je ne sais quoi de printanier et
d'éolien.

Bibliographie générale
de Marie Krysinska[1]

livres

Rythmes pittoresques. Paris : Lemerre, 1890.

L'Amour chemine. Contes en prose. Paris : Lemerre, 1892.

Aigues-marines. Warsaw et Lublin : Sennewald, 1893.

Joies errantes : Nouveaux rythmes pittoresques. Paris : Alphonse Lemerre, 1894.

Juliette Cordelin. L'Eclair : Supplément littéraire illustré 36 (22 janvier 1895) : 1–3 ; 37 (29 janvier) : 1–3 ; 38 (5 février) : 1–3 ; 39 (12 février) : 3 ; 40 (19 février) : 3 ; 41 (26 février) : 4–5 ; 42 (5 mars) : 4–5 ; 43 (12 mars) : 3–5.

Folle de son corps. Paris : Victor Havard, 1895.

Intermèdes : Nouveaux rythmes pittoresques. Paris : A. Messein, 1903.

La Force du désir. Paris : Messein / Société du Mercure de France, 1905.

poèmes

« Symphonie des parfums ». *La Chronique parisienne* (1881).

« Chanson d'automne ». *Le Chat noir* 40 (14 octobre 1882) : 2.[2]

« Symphonie en gris ». *Le Chat noir* 43 (4 novembre 1882) : 4.

« Ballade ». *Le Chat noir* 46 (25 novembre 1882) : 2.

« Berceuse macabre ». *Le Chat noir* 47 (2 décembre 1882) : 4.

« Le Hibou ». *La Vie moderne* (26 mai 1883) : 333.

« Les Bijoux faux ». *Le Chat noir* 77 (30 juin 1883) : 99.

« Les Fenêtres (poème en prose) ». *Le Chat noir* 78 (7 juillet 1883) : 102.

« Un Roman dans la lune : Poème en prose ». *La Libre Revue* 4 (16–30 novembre 1883) : 80–81.[3]

« Les Fenêtres (poème en prose de Marie Krysinska — dessin de Georges Bellenger) ». *Le capitan* 1 (novembre 1883) : 5.

---

1   L'état présent des études sur Krysinska a une dette énorme envers le travail de Maria Szarama-Swolkieniowa, en particulier envers la bibliographie de sa thèse doctorale de 1972. Pour une bibliographie plus complète qui comprend les écrits secondaires sur Krysinska, voir notre « Marie Krysinska : A Bibliography ». *Bulletin of Bibliography* 58.1 (mars 2001), pp. 1–10.

2   Ce poème fut ensuite publié dans *Rythmes pittoresques* (pp. 26–27).

3   Voir la note sur « Le Démon de Rakoczi » plus bas (note 4).

« Le Démon de Rakoczi ». *La Libre Revue* 6 (16–31 décembre 1883) : 132–34.[4]

« Ronde de printemps ». *Le Chat noir* 383 (18 mai 1889) : 1330.

« Ariane ». *Le Chat noir* 388 (22 juin 1889) : 1350.

« Ariane ». *La Cravache parisienne* (22 juin 1889) : 2.[5]

« Le Calvaire », « Effet de soir ». *La Revue indépendante* 11.32 (juin 1889) : 428–31.

« La Source ». *Le Chat noir* 391 (13 juillet 1889) : 1362.

« La Charité ». *Le Chat noir* 394 (2 août 1889) : 1374.

« Villanelle ». *Le Chat noir* 423 (22 février 1890) : 1494.

« I : Eve », « II : Hélène », « III : Magdelaine ». *La Revue indépendante* 14.41 (mars 1890) : 442–47.

« Marie ». *Le Chat noir* 438 (7 juin 1890) : 1552.

« Les Danses : I : Menuet ; II : Danses d'Espagne ». *Le Chat noir* 443 (12 juillet 1890) : 1572.

« Les Danses : Danse d'Orient ». *Le Chat noir* 445 (26 juillet 1890) : 1580.

« Les Danses : III : La Gigue ». *Le Chat noir* 447 (8 août 1890) : 1588.

« Les Danses : VIII : La Pavane ; IX : Javanaises ». *Le Chat noir* 450 (30 août 1890) : 1601.

« Horizons ». *La Plume* 34 (15 septembre 1890) : 168.

« MIDI. I : Midi ; II : Les Rocs ; III : Horizons (proses rythmées) ». *Art et critique* 71 (4 octobre 1890) : 638–39.

« Sonate ». *Annales artistiques et littéraires* (1890) : 41–42.

« Le Sabbat ». *Le Messager français* (12 avril 1891) : 2.

« Effigies (A Denise Ahmers) ». *Le Messager français* (3 mai 1891) : 2 ; (24 mai) : 9.[6]

« Effigies (A Renée Dérigny) ». *Le Messager français* (10 mai 1891) : 4.

« Effigies (A Irma Perrot) ». *Le Messager français* (16 août 1891) : 4.

« Effigies (A Camille Picard) ». *Le Messager français* (23 août 1891) : 4.

---

4 Szarama-Swolkieniowa a tort d'indiquer dans sa bibliographie que « Le Démon de Rakoczi » et « Un Roman dans la lune » ont été publiés simultanément dans *La Libre Revue* et la *Revue universelle*. Quoique cette dernière porte le nom *Revue encyclopédique* avant 1901, le premier numéro de la revue date de 1891 ; or, il aurait été tout simplement impossible pour Krysinska de publier dans la *Revue encyclopédique* en 1883.

5 Ces deux « Ariane » sont en fait le même et unique, dont la publication dans *La Cravache parisienne* se trouve à côté de la lettre de Krysinska « Il m'arrive une chose fâcheuse » (voir *correspondance*).

6 Ce poème fut publié dans *Le Messager français* deux fois dans le même mois, sous le titre « Effigies (A Denise Ahmers) » le 3 mai et « A Denise Ahmers » le 24 mai 1891. Il nous semble probable qu'une des deux publications de ce poème ait été sensé être « Effigies (A Luce Colas) », car ce poème est le seul de la série « Effigies » de *Joies errantes* (pp. 69–72) qui n'ait pas été publié dans *Le Messager français*.

« Chanson d'automne ». *Gil blas illustré* 1.24 (6 décembre 1891) : 6.[7]

« Gynécée ». *Le Chat noir* 524 (30 janvier 1892) : 1896.

« Giboulées de Mars : Chanson ». *Le Chat noir* 533 (2 avril 1892) : 1931.

« Chansons : Prélude ; L'Eternel thème ». *Le Chat noir* 542 (4 juin 1892) : 1968.

« Bacchanale ». *Le Chat noir* 544 (18 juin 1892) : 1975.

« Le Sabbat ». *Le Chat noir* 547 (9 juillet 1892) : 1988.[8]

« Chanson joyeuse ». *Le Chat noir* 552 (13 août 1892) : 2008.

« Chanson d'autrefois ». *Le Chat noir* 560 (8 octobre 1892) : 2040.

« Chanson moderne ». *Le Chat noir* 561 (15 octobre 1892) : 2044.

« Jeanne d'Arc : Sonnet en prose ». *Le Chat noir* 577 (4 février 1893) : 2108.

« Reprise (sonnet renversé) », « La Chanson des cendres ». *La Plume* (15 mars 1893) : 121.[9]

« Judith ». *Le Chat noir* 584 (25 mars 1893) : 2136.

« Le Poème des couleurs », « Suite d'orchestre ». *La Revue blanche* 4.19 (15 avril 1893) : 360–65.

« Légende russe ». *Le Figaro : Supplément littéraire* (6 mai 1893) : 1.

« La du Barry ». *Le Chat noir* 592 (27 mai 1893) : 2136.

« Suite d'orchestre ». *La Revue blanche* 19 (mai 1893) : 363–65.

« Japonaiserie ». *Le Chat noir* 596 (24 juin 1893) : 2184–86.

« La Vie ». *L'Ermitage* 4.7 (juillet 1893) : 29–30.

« Danse slave ». *Gil blas illustré* 3.44 (29 octobre 1893) : 2.

« Le Poème des caresses ». *Le Chat noir* 621 (16 décembre 1893) : 2284.

« La Parure ». *Le Figaro : Supplément littéraire* 9 (3 mars 1894) : 33.

« Marion ». *Gil blas illustré* 4.7 (18 février 1894) : 8 (voir *partitions*).

« L'Oiseau bleu ». *Gil blas illustré* 5.23 (9 juin 1895) : 3, 6.

« Simple chanson ». *Gil blas illustré* 5.40 (6 octobre 1895) : 8 (voir *partitions*).

« Sketch-book : Eglise de campagne ; Promenade ; Chanson blanche ». *La Revue blanche* 10.73 (15 juin 1896) : 554–55.

« Sketch-book : Sur l'eau ; Après l'orage ; Fin du jour ; Pluie d'automne ». *La Revue blanche* 12.91 (15 mars 1897) : 316–18.

« Camaïeu ». *Les Quat'z'arts* (5 mars 1898).

« Sketch book : Chanson d'automne ; Retour à la ville ; Fin d'hiver ». *La Revue blanche* 17.127 (15 septembre 1898) : 140–42.

---

7 Ce poème fut ensuite publié dans *Intermèdes* (pp. 93–94).

8 Ces deux poèmes « Le Sabbat » sont identiques, à la seule différence de la dédicace, qui est absente dans *Le Messager français*, mais présente dans *Le Chat noir* (dédié à Charles Maurras) et dans *Joies errantes* (dédié à Jean Lorrain, pp. 75–76).

9 Voir aussi Ms. MNR Beta 993, s.d. Bibliothèque littéraire Jacques Doucet, Paris.

« Sketch book : Sur les grèves ». *La Revue blanche* 19.142 (15 mai 1899) :
55–57.
« Rythmes pittoresques : Chanson de printemps ; La Musique ; Rose du rosier
blanc ; Sentier au bois ; Les Yeux d'amantes ; Dames d'Antan ». *L'Humanité
nouvelle* 36 (juin 1900) : 648–53.
« Deux danses anciennes : I : Ronde champêtre ; II : Le Passepied ». *La Revue
de France* (novembre 1911) : 804–05.

ouvrage collectif
Le Mur. Paris, septembre 1894–c. 1904.[10]

nouvelles
« Un Voyage de noce », « Rancune ». *La Revue indépendante* 14.39 (janvier
1890) : 27–42.
« Un Réveillon fin de siècle ». *Le Chat noir* 430 (12 avril 1890) : 1520.
« Ingénuité : Mœurs américaines ». *La Revue bleue* 45.26 (28 juin 1890) :
808–11.
« Souvenirs d'exposition ». *Le Chat noir* 444 (19 juillet 1890) : 1576.
« La Lampe ». *Le Chat noir* 449 (23 août 1890) : 15.
« Mariage de raison ». *La Revue indépendante* 17.49 (novembre 1890) : 200–12.
« Mania et Marysia ». *Magazine français illustré* (25 mars 1891) : 345–48.
« Pauvre femme (nouvelle slave) ». *Le Chat noir* 497 (25 juillet 1891) : 1788.
« Un Scandale : Mœurs américaines ». *Le Chat noir* 499 (8 août 1891) :
1795–96. Réimpr. in *Les Gaîtés du chat noir*. Ed. Jules Lemaître. Paris : Paul
Ollendorff, 1910 : 39–41.
« L'Examen de minuit ». *Le Messager français* (4 octobre 1891) : 3–4.
« Grisaille ». *L'Eclair : Supplément littéraire illustré* 13 (14 août 1894) : 4.
« Tante Cunégonde ». *L'Eclair : Supplément littéraire illustré* 21 (9 octobre
1894) : 3.
« La Misère : Nouvelle slave ». *L'Eclair : Supplément littéraire illustré* 25 (6
novembre 1894) : 5.

---

10 Journal alternatif à la publication officielle du cabaret des Quat'z'arts, *Le Mur* se
composa d'illustrations, de collages et d'écrits satiriques qui visèrent la politique et
la vie littéraire et artistique. Les numéros du *Mur* ne furent jamais publiés ; aujour-
d'hui ils existent uniquement dans la collection du Jane Voorhees Zimmerli Art
Museum à Rutgers University. Voir Olga Anna Dull, « From Rabelais to the Avant-
Garde : Wordplays and Parody in the Wall-Journal *Le Mur* », *The Spirit of
Montmartre : Cabarets, Humor, and the Avant-Garde, 1875–1905*, éd. Phillip Dennis
Cate et Mary Shaw (New Brunswick, NJ : Jane Voorhees Zimmerli Art Museum,
1996), pp. 119–241 ; la participation de Krysinska au *Mur* est signalée à la page 228.

« De l'espoir ! » *Le Figaro : Supplément littéraire* 47 (24 novembre 1894) : 187–88.

« Impressions d'automne ». *Le Figaro : Supplément littéraire* 45 (9 novembre 1895) : 179.

« Famille : Mœurs américaines ». *Gil blas illustré* 8.41 (14 octobre 1898) : 6–7.

« L'Examen de minuit ». *Gil blas illustré* 10.3 (19 janvier 1900) : 3–6.

« Camarades ». *Gil blas illustré* 10.19 (11 mai 1900) : 3, 6.

« Mœurs américaines : Charming Gentleman ». *Gil blas illustré* 11.51 (20 décembre 1901) : 3.

essais critiques et comptes rendus

« Un Poète lyrique : Etude-préface aux œuvres d'Anatole Galureau ». *Le Chat noir* 441 (28 juin 1890) : 1563–64.

« De la nouvelle école : A propos de l'article de M. Anatole France dans *Le Temps* sur M. Jean Moréas ». *La Revue indépendante* 18.52 (février 1891) : 265–67.

Compte rendu de *David Valgraive*, par J.-H. Rosny. *Le Chat noir* 487 (16 mai 1891) : 1748.

« Au théâtre d'application ». *Le Chat noir* 489 (30 mai 1891) : 1756.

Compte rendu d'*A se tordre*, par Alphonse Allais, et *Contes du chat noir*, par Rodolphe Salis. *La Revue indépendante* 21.60 (octobre 1891) : 134.

« A propos du nouvel an ». *Le Chat noir* 522 (16 janvier 1892) : 1888.

« Les Chinois Blanchisseurs à New-York ». *Le Figaro : Supplément littéraire* 38 (22 septembre 1894) : 151.

« Vote au congrès des poètes qui élut Verlaine ». *La Plume* 132 (15–31 octobre 1894) : 417.

« Hiver à Varsovie ». *Le Figaro : Supplément littéraire* 43 (27 octobre 1894) : 171–72.

« Race slave ». *Le Figaro : Supplément littéraire* 52 (29 décembre 1894) : 209–10.

« La Musique de Chopin ». *Le Figaro : Supplément littéraire* 27 (6 juillet 1895) : 105.

« Conflit de la rime et de la raison ». *La Fronde* (11 juillet 1899).

« L'Evolution poétique : Devant l'académie ». *Revue universelle* 5 (2 février 1901) : 102–03.

« Les Artistes maudits ». *La Revue* (15 août 1901) : 384–97.

« Les Femmes de lettres anglaises ». *Revue universelle* 46 (16 novembre 1901) : 1085–88. Réimpr. « Quelques femmes de lettres anglaises ». *La Fronde* (18 septembre 1926) : 2 ; (19 septembre) : 2 ; (22 septembre) : 2.

« Les Cénacles artistiques et littéraires : Autour de Maurice Rollinat ». *La Revue* (15 août 1904) : 477–91.

« Psychologie du costume et de la parure ». *La Plume* (1–15 mars 1905) : 167–78.

partitions
Marion, paroles et musique de Marie Krysinska. *Gil blas illustré* 4.7 (18 février 1894) : 8.
Bonjour, printemps, musique de Marie Krysinska. *L'Eclair : Supplément littéraire illustré* 10 (24 juillet 1894) : 8.
Simple chanson, paroles et musique de Marie Krysinska. *Gil blas illustré* 5.40 (6 octobre 1895) : 8.
Le Loup, paroles et musique de Marie Krysinska. *Gil blas illustré* 6.44 (30 octobre 1896) : 5.
Chansonnette XVIIIème siècle, paroles et musique de Marie Krysinska, s.d. Ms. 40 210 Ex. 1. Bibliothèque Marguerite Durand, Paris.

partitions écrites pour d'autres poètes
Aubert, Ch. *Prière d'une vierge fin de siècle*, musique de Marie Krysinska. *Gil blas illustré* 3.3 (15 janvier 1893) : 8.
Costé, J. *L'Essayage*, musique de Marie Krysinska. *Gil blas illustré* 2.52 (25 décembre 1892) : 8.
Crésy [Fernand Icres]. *Soir de la fête*, musique de Marie Krysinska.[11]
Cros, Charles. *Lendemain*, paroles de Charles Cros, musique inédite de Marie Krysinska. *Gil blas illustré* 6.7 (16 février 1896) : 8.
—. *Nocturne*, paroles de Charles Cros, musique de Marie Krysinska. *Gil blas illustré* 6.11 (15 mars 1896) : 8.
—. *Nocturne*, poésie de Charles Cros, musique de Maria Krysinska. Paris : Thaurin, 1889.
—. *Romance*, musique de Marie Krysinska.[12]
—. *La Vie idéale*, paroles de Charles Cros, musique inédite de Marie Krysinska. *Le Messager français* 10 (10 mai 1891) : 6–7.

---

11 « Vient de paraître chez l'éditeur de musique O'Kelly, faubourg Poissonnière, une nouvelle édition du *Soir de la Fête*, paroles de Crésy, musique de Madame Marie Krysinska, qui obtint tant de succès l'hiver dernier » (*Le Chat noir* (3 février 1882), p. 16).
12 « Nous rappelons à nos lecteurs la mise en vente, chez Cauvin et Marpon et Flammarion, de plusieurs morceaux de musique de Marie Kryzinska [sic]. L'éloge de cette musique fine, originale, étrange, n'est plus à faire. Parmi les plus applaudis, nous signalerons le *Nocturne* et la *Romance* de Cros ; *Un peu de musique*, d'Hugo ; et le *Soir de fête* d'Icres » (*Le Chat noir* (10 mai 1890), p. 1538).

Durocher, Léon. *Ceux d'la côte*, musique de Marie Krysinska. *Gil blas illustré* 2.49 (4 décembre 1892) : 8.

Gineste, Raoul. *La Fileuse*, musique de Marie Krysinska. *Gil blas illustré* 4.45 (11 novembre 1894) : 8.

Hugo, Victor. *Un peu de musique*, poésie de Victor Hugo, musique de Marie Krysinska. Paris : Thauvin, 1890.[13]

Lorrain, Jean. *Lunaire*, musique de Marie Krysinska. *Gil blas illustré* 6.34 (21 août 1896) : 8.[14]

—. *Lunaire*, musique de Marie Krysinska. *Gil blas illustré* 7.25 (18 juin 1897) : 8.

—. *Lunatique*, musique de Marie Krysinska. *Gil blas illustré* 7.5 (29 janvier 1897) : 8.

—. *Lunatique*, musique de Marie Krysinska. *Gil blas illustré* 7.17 (23 avril 1897) : 8.

—. *La Mort des lys*, musique de Marie Krysinska. *Gil blas illustré* 6.39 (25 septembre 1896) : 8.

Marin, Augée. *Marée joyeuse*, musique de Marie Krysinska. *Gil blas illustré* 9.50 (15 décembre 1899) : 5.

Masson, Armand. *Pierrot à la lune*, musique de Marie Krysinska. *Gil blas illustré* 7.36 (3 septembre 1897) : 8.

Montoya, Gabriel. *L'Amour*, musique de Marie Krysinska. *Gil blas illustré* 6.41 (9 octobre 1896) : 5.

—. *La Fille à maman*, musique de Marie Krysinska. *Gil blas illustré* 5.3 (20 janvier 1895) : 8.

—. *Le Vieux modèle*, poésie de Gabriel Montoya, musique de Maria Krysinska, couverture de Bellanger. Paris : Ondet, s.d.[15]

—. *Renouveau d'amour*. Paris : A. Quinzard & Cie., 1910.[16]

---

13 « Vient de paraître chez l'éditeur Thauvin, 36, boulevard Saint-Michel : UN PEU DE MUSIQUE, poésie de Victor Hugo, musique de Marie Krysinska. En vente sous les galeries de l'Odéon » (*Le Chat noir* (27 septembre 1890), p. 1616). Voir aussi la note précédente.

14 « Marie Krysinska s'inspira des poésies de nombreux auteurs montmartrois pour composer dans une note bien à elle nombre de charmantes mélodies. Je mentionnerai tout spécialement celles dont elle souligna la série des *Lunaires* de Jean Lorrain, que l'excellent baryton Marty interpréta avec tant de goût aux matinées de la Bodinière » (Léon de Bercy, *Montmartre et ses chansons : Poètes et chansonniers* (Paris : H. Daragon, 1902), pp. 47–48).

15 Ms. RO 11 618. Bibliothèque Nationale de France (Département des Arts du spectacle), Paris.

16 Cote MUSICPOP 1910 à la bibliothèque de l'Université de Colorado (Etats-Unis).

Privas, Xavier. *Les Petits Désespoirs, Folle maîtresse*, paroles de Xavier Privas, musique de Maria Krysinska, couverture de G. Bellanger.[17]

Raimes, Gaston de. *Bonjour, printemps*, paroles de Gaston de Raimes, musique de Marie Krysinska. *L'Eclair : Supplément littéraire illustré* 10 (24 juillet 1894) : 8.

—. *Mère*, musique de Marie Krysinska. *Gil blas illustré* 5.21 (26 mai 1895) : 8.

Sécot, G[aston]. *Deux reproches (menuet)*, musique de Marie Krysinska. *Gil blas illustré* 6.22 (29 mai 1896) : 5.

Shoomard, Raphaël. *Mon petit homme*, musique de Marie Krysinska. *Gil blas illustré* 3.9 (26 février 1893) : 8.

Tinchant, Albert. *Requiem*, musique de Marie Krysinska. *Gil blas illustré* 2.48 (27 novembre 1892) : 8.

Trimouillat, Pierre. *A vue de nez*, musique de Marie Krysinska. *Gil blas illustré* 2.43 (23 octobre 1892) : 8.

—. *Filles de théâtre*, paroles de Pierre Trimouillat, musique de Maria Krysinska. Paris : Ondet, 1892.[18]

correspondance

« Il m'arrive une chose fâcheuse ». *La Cravache parisienne* (22 juin 1889) : 2.

Lettre à la rédaction de *La Plume*. c. 1890. Ms. MNR Beta 992.2–3. Bibliothèque littéraire Jacques Doucet, Paris.

Lettre de George Courteline à Marie Krysinska. c.1891. Ms. 15060, 34. Bibliothèque de l'Arsenal, Paris.

Lettre (destinataire inconnu). c. 1893 ou 1894. Ms. MNR Beta 992.4. Bibliothèque littéraire Jacques Doucet, Paris.

Lettre à M. Antonin Périvier. c. avant septembre 1894. Ms. 091 KRY.5. Bibliothèque Marguerite Durand, Paris.[19]

Lettre à M. Antonin Périvier. c. octobre 1894. Ms. 091 KRY.6. Bibliothèque Marguerite Durand, Paris.

Lettre à M. Antonin Périvier. c. novembre ou décembre 1894. Ms. 091 KRY.3. Bibliothèque Marguerite Durand, Paris.

« Boîte aux lettres : Monsieur le Directeur ». *Le Figaro : Supplément littéraire* (3 août 1895) : 3.

Lettre (destinataire inconnu). c. 1899. Ms. 091 KRY.1. Bibliothèque Marguerite Durand, Paris.

---

17 Collection privée.

18 Ms. RO 11 600. Bibliothèque Nationale de France (Département des Arts du spectacle), Paris.

19 M. Antonin Périvier fut le rédacteur du *Figaro : Supplément littéraire* de 1885 à 1895.

Lettre (destinataire inconnu). c. 1901 ou 1902. Ms. 091 KRY.2. Bibliothèque Marguerite Durand, Paris.

Lettre aux organisateurs du banquet Mirbeau. c. juin 1903. Ms. MNR Beta 992.7. Bibliothèque littéraire Jacques Doucet, Paris.

Lettre à M. Antonin Périvier, s.d. Ms. 091 KRY.4. Bibliothèque Marguerite Durand, Paris.

Lettre à la rédaction de *La Plume*, s.d. Ms. MNR Beta 992.5. Bibliothèque littéraire Jacques Doucet, Paris.

Lettre à la rédaction de *La Plume*, s.d. Ms. MNR Beta 992.6. Bibliothèque littéraire Jacques Doucet, Paris.

traductions

« Ingenuousness : An American Custom ». Trad. Seth Whidden. *Nineteenth-Century Women Seeking Expression : Translations from the French*. Ed. Rosemary Lloyd. Critical Editions of French Texts 2. Liverpool Online Series (www.liv.ac.uk/www/french/LOS), 2000. 108–13.

« Introduction : On Rational Evolutions ». Préface aux *Intermèdes : Nouveaux rythmes pittoresques*. Trad. Gretchen Schultz. *Nineteenth-Century Women Seeking Expression : Translations from the French*. Ed. Rosemary Lloyd. Critical Editions of French Texts 2. Liverpool Online Series (www.liv.ac.uk/www/french/LOS), 2000. 113–23.

documents officiels

Bellenger, Georges. Acte de décès. 1915 Ms. 4234. Etat Civil, Mairie du 18e arrondissement, Paris.

—. Acte de mariage de Bellenger et Marie Krysinska. 1885 Ms. 782. Direction des Services d'Archives, Paris.

—. Acte de mariage de Bellenger et Marie Louise Bordelet. 1912 Ms. 2130. Etat Civil, Mairie du 18e arrondissement, Paris.

Krysinska, Marie. Acte de décès. 1908 Ms. 2191. Etat Civil, Mairie du 17e arrondissement, Paris.

United States. Dept. of Immigration and Naturalizaton. « Entry for the *Normandie* ». *National Archives Microfilm Publication M237 : Passenger Lists of Vessels Arriving at New York, 1820–1897. Roll 490 : septembre 18–octobre 27, 1885 (List Nos. 1158–1337)*. Washington : National Archives and Records Service, 1958.

—. « Entry for the *Pennland* ». *National Archives Microfilm Publication M237 : Passenger Lists of Vessels Arriving at New York, 1820–1897. Roll 508 : juin 7–29, 1887 (List Nos. 688–809)*. Washington : National Archives and Records Service, 1958.

iconographie

portrait par Georges Bellenger : *Lutèce* (26 janvier-2 février 1884).[20]

photographie : Collection Lamelle, n°. 63, tome 173, s.d., p. 83. Bibliothèque Nationale, Paris.[21]

photographie : *Revue encyclopédique* 6.169 (28 novembre 1896) : 870.

esquisse par Frédéric-Auguste Cazals : Frédéric-Auguste Cazals et Gustave Le Rouge, « Verlaine et Marie Krysinska », *Les Derniers Jours de Paul Verlaine*. Paris : Mercure de France, 1911, p. 57.

photographie par Cautin-Berger : « Marie Krizinska » [sic]. Jean Ajalbert, *Mémoires en vrac : Au temps du symbolisme, 1880–1890* Paris. A. Michel, 1938, p. 249.

sources secondaires

Adam, Antoine. *Le Vrai Verlaine : Essai psychanalytique*. Paris : E. Droz, 1936.

Ajalbert, Jean. *Mémoires en vrac : Au temps du symbolisme, 1880–1890*. Paris : A. Michel, 1938.

Albalat, Antoine. *Trente ans de Quartier Latin : Nouveaux souvenirs de la littérature*. Paris : Société française d'éditions littéraires et techniques, 1930.

Andrès, Philippe. *Théodore de Banville : Parcours littéraire et biographique*. Paris : L'Harmattan, 1997.

Apollinaire, Guillaume, Victor-Emile Michelet et Paul-Napoléon Réinard. *La Poésie symboliste : Trois entretiens sur les temps héroïques (période symboliste) au Salon des Artistes indépendants (1908)*. Paris : L'Edition, 1908.

Aressy, Lucien. *La Dernière Bohème : Verlaine et son milieu*. Paris : Jouve et Cie, 1923.

Aristide, Marie. *La Forêt symboliste : Esprit et visages*. Paris : Firmin-Didot, 1936.

Arkell, David. *Looking for Laforgue : An Informal Biography*. Manchester : Carcanet P, 1979.

Arveiller, Michel, et Pierre Glaudes éd. *Léon Bloy*. Paris : Editions de l'Herne, 1988.

---

20 Ce portrait reste inconnu à la critique krysinskane. Les seuls renseignements disponibles viennent de l'article anonyme dans *Lutèce*, à propos d'une description de l'Exposition du Cercle artistique : « M. Lambert et ses chats ; M. Duez, très moderne ; M. Cazin qui affectionne la lumière tempérée du soleil à son déclin ; M. Bellanger et son joli portrait de Mme Marie Krysinska [. . .] ». Il est fort probable que le peintre fut son mari Georges Bellenger, puisque son patronyme est souvent écrit « Bellanger » et puisque la date de l'exposition (une année avant le mariage de Bellenger et Krysinska) semble coïncider avec le début de leur amitié.

21 Nous tenons à remercier Florence Goulesque, dont la générosité a rendu possible l'inclusion des informations bibliographiques des deux photographies ci-dessus.

Bache, Gil de [Félix Fénéon]. Compte rendu de *L'Aigue-marine* [sic], par Marie Krysinska. *La Cravache parisienne* (1 juin 1893).

Banville, Théodore de. *Œuvres poétiques complètes*. Ed. Peter J. Edwards. 8 tomes. Paris : H. Champion, 1994–2001.

Barre, André. *Le Symbolisme : Essai historique sur le mouvement symboliste en France de 1885 à 1900*. Paris : Jouve et Cie, 1911.

Bauer, Henry. « La Ville et le théâtre : Réalité et poésie ». *L'Echo de Paris* (11 mai 1891).

Bayard, Jean-Emile. *Montmartre, hier et aujourd'hui*. Paris : Jouve et Cie, 1924.

Bercy, Anne de, et Armand Ziwès. *A Montmartre . . . le soir : Cabarets et chansonniers d'hier*. Paris : B. Grasset, 1951.

Bercy, Léon de. *Montmartre et ses chansons : Poètes et chansonniers*. Paris : H. Daragon, 1902.

Bernard, Suzanne. *Le Poème en prose de Baudelaire jusqu'à nos jours*. Paris : Nizet, 1959.

Bertaut, Jules. « Marie Krysinska ». *Anthologie des matinées poétiques de la Comédie française*. Ed. Louis Payen. Paris : Librairie Delagrave, 1927. 2 tomes. Tome 2. 135–36.

Billy, André. *L'Epoque 1900 : 1885–1905*. Paris : J. Tallandier, 1951.

Bloy, Léon. *Œuvres*. Ed. Joseph Bollery et Jacques Petit. Paris : Mercure de France, 1963–75. 15 tomes.

Bonneau, Alcide. « Poésie : Mouvement général. 74 : Th. de Banville, Mme Kryzinska [sic], M. Largeris, Em. Chevé ». *Revue encyclopédique* 1.2 (1891) : 39–40.

Bonneau, Georges. *Le Symbolisme dans la poésie française contemporaine*. Paris : Furne, 1930.

C., K. « Journal d'échos-courts ». *Les Quat'z'arts* (13 mars 1898).

Cadillac. « *Rythmes pittoresques*, par Marie Krysinska, un volume. — Lemerre, éditeur ». *Le Gaulois* (12 décembre 1890) : 3.

Caradec, François. *Alphonse Allais*. Paris : Librairie Arthème Fayard, 1997.

Castéras, Raymond de. *Les Hydropathes, avant le Chat noir, 1878–1880*. Paris : Messein, 1945.

Cate, Phillip Dennis, éd. *The Graphic Arts and French Society, 1871–1914*. New Brunswick, NJ : Rutgers UP, 1988.

Cate, Phillip Dennis, et Mary Shaw, éd. *The Spirit of Montmartre : Cabarets, Humor, and the Avant-Garde, 1875–1905*. New Brunswick, NJ : Jane Voorhees Zimmerli Art Museum, 1996.

Cazals, A.-F. « Les Livres ». *La Plume* 29 (1 juillet 1890) : 2.

Cazals, Frédéric-Auguste, et Gustave Le Rouge. *Les Derniers Jours de Paul Verlaine*. Paris : Mercure de France, 1911.

Centenaire du cabaret du chat noir. Paris : Musée de Montmartre, 1981.

Champigny, Robert. « Situation of Jules Laforgue ». *Yale French Studies* 9 (1952) : 63–73.

Champsaur, Félicien. « Chronique parisienne ». Compte rendu des *Rythmes pittoresques*, par Marie Krysinska. *L'Evénement* (16 octobre 1890) : 1.

—. *Dinah Samuel.* Paris : Ollendorff, 1882. Réimpr. Ed. Jean de Palacio. Bibliothèque décadente. Paris : Séguier, 1999.

Charpentier, John. *Le Symbolisme.* Paris : Les Arts et le livre, 1927.

Charpentier, Octave. *A travers Montmartre.* 5e éd. Paris : « Le croquis », 1913.

Le Chat noir 434 (10 mai 1890) : 1538 ; 440 (21 juin 1890) : 1562 ; 454 (27 septembre 1890) : 1616.

Le Chat noir guide. Paris : Imprimerie Charles Blot, s.d.

Clancier, Georges-Emmanuel. *De Rimbaud au surréalisme : Panorama critique.* Paris : Seghers, 1959.

Cogniat, Raymond. *L'Impressionnisme.* Paris : A. Somogy, 1956.

Compte rendu d'« Une Créatrice du vers libre français : Marie Krysinska », par Hélène Vacaresco. *La Pologne* (1 mars 1934) : 192.

Cornell, William Kenneth. *The Symbolist Mouvement.* New Haven, CT : Yale University Press, 1951.

Couturat, Jules. Compte rendu des *Rythmes pittoresques*, par Marie Krysinska. *La Revue indépendante* 48.17 (octobre 1890) : 120–21.

Crésy, Fernand. « Le Crâne ». *Le Chat noir* 22 (10 juin 1882) : 1.

Croze, Austin de. « Les Confessions littéraires : Le Vers libre et les poètes. M. Sully-Prudhomme, M. René Ghil, Mme Krysinska ». *Le Figaro : Supplément littéraire* (13 juillet 1895) : 111.

Czerny, Zygmunt. « Le Vers libre français et son art structural ». *Poetics* 1 (1961) : 249–79.

Décaudin, Michel. *La Crise des valeurs symbolistes : Vingt ans de poésie française, 1895–1914.* Toulouse : Privat, 1960.

Delsemme, Paul. *Théodore de Wyzewa et le cosmopolitisme littéraire en France.* Bruxelles : Presses universitaires de Bruxelles, 1967.

—. *Un Théoricien du symbolisme : Charles Morice.* Paris : Nizet, 1958.

Dinar, André. *La Croisade symboliste.* Paris : Mercure de France, 1943.

Donchin, Georgette. *The Influence of French Symbolism on Russian Poetry.* S'Gravenhage : Mouton, 1958.

Donnay, Maurice. *Autour du Chat noir.* Paris : B. Grasset, 1926.

—. *Mes débuts à Paris.* Paris : Fayard, 1937.

Dornis, Jean. *La Sensibilité dans la poésie française contemporaine (1885–1912).* Paris : Arthème Fayard, 1912.

Dubus, Edouard. Compte rendu des *Rythmes pittoresques*, par Marie Krysinska. *Mercure de France* 12 (décembre 1890) : 443–44.

Dujardin, Edouard. *Les Premiers Poètes du vers libre*. Paris : Mercure de France, 1922.

Dumesnil, René. *Le Rythme musical : Essai historique et critique*. Paris : La Colombe, 1949.

Dumestre, Gaston. Compte rendu des *Joies errantes*, par Marie Krysinska. *Le Chat noir* 638 (14 avril 1894) : 2346.

Enne, Francis. « Chez Krysinska ». *Le Réveil* (7 décembre 1882).

Esparbès, Georges d', et al., *Les Demi-cabots : Le Café-concert, le cirque, les forains*. Paris : G. Charpentier et E. Fasquelle, 1896.

Fields, Armond. *George Auriol*. Layton, UT : Gibbs M. Smith / Peregrine Smith Books, 1985.

Finch, Alison. *Women's Writing in Nineteenth-Century France*. Cambridge Studies in French 65. Cambridge : Cambridge University Press, 2000.

Flat, Paul. *Nos femmes de lettres*. Paris : Perrin, 1908.

Fontainas, André. *Mes souvenirs du symbolisme*. Paris : La nouvelle revue critique, 1928.

Fort, Paul, et Louis Mandin. *Histoire de la poésie française depuis 1850*. Paris : E. Flammarion, 1926.

Franc-Nohain. « La Romance des romances ». *Le Chat noir* 523 (23 janvier 1892) : 1891–92.

Gagnier, Roger. *Paul Arène : Sa vie, son œuvre*. Raphèle-lès-Arles : CPM, 1993.

Gérard, Rosemonde. *Les Muses françaises*. Paris : Fasquelle, 1943.

Gheusi, Pierre-Barthélemy. *Leurs femmes : 1889–1939*. Paris : Plon, 1940. Tome 2 de *Cinquante ans de Paris : Mémoires d'un témoin*. 4 tomes. 1939–42.

Ghil, René. *Les Dates et les œuvres : Symbolisme et poésie scientifique*. Paris : Cres, 1923.

—. *Traité du verbe*. Paris : Giraud, 1886.

Gide, André. *Prétextes : Réflexions sur quelques points de littérature et de morale*. Paris : Mercure de France, 1923.

Gille, Philippe. « Poésie ». Compte rendu des *Rythmes pittoresques*, par Marie Krysinska. *Le Figaro* (26 novembre 1890).

Goncourt, Edmond et Jules. *Journal : Mémoires de la vie littéraire*. Ed. Robert Ricatte. 4 tomes. Paris : Fasquelle et Flammarion, 1956.

Goudeau, Emile. *Dix ans de bohème [1888]. Suivi de* Les Hirsutes *[1884] de Léo Trézénik*. Ed. Michel Golfier, Jean-Didier Wagneur et Patrick Ramseyer. Seyssel : Champ Vallon, 2000.

Goulesque, Florence R. J. *Une femme poète symboliste : Marie Krysinska, La Calliope du Chat noir*. Paris : Champion, 2001.

—. « Une femme voyageuse dans les flous artistiques symbolistes : 'Devant le miroir' de Marie Krysinska, trio pour vers, prose et vers libre métissé ».

Chimères (Lawrence, Kansas : Department of French and Italian, University of Kansas) 25 (1998) : 1–17.

—. « 'Le hibou' qui voulait danser : Marie Krysinska, une innovatrice du vers libre doublée d'une théoricienne de la poésie moderne ». *Symposium* 53.4 (hiver 2000) : 220–33.

—. « Impressionnisme poétique chez Marie Krysinska : Esthétique de l'ambiguïté et démarche féministe ». *Nineteenth-Century French Studies* 29.3–4 (printemps-été 2001) : 318–33.

—. « Marie Krysinska (1864–1908), une femme poète symboliste : Quatuor pour quatre voix : Impressionnisme, musique, danse et poésie ». Thèse doctorale, Université du Nouveau-Mexique, 1997.

Gourmont, Remy de. « Le Vers libre ». *Esthétique de la langue française.* Paris : Mercure de France, 1955. 143–68.

Grojnowski, Daniel. « Poétique du vers libre : 'Derniers vers' de Jules Laforgue (1886) ». *Revue d'histoire littéraire de la France* 84.3 (mai-juin 1984) : 390–413.

Grojnowski, Daniel, et Bernard Sarrazin, éd. *L'Esprit fumiste et les rires fin de siècle.* Paris : J. Corti, 1990.

Guttry, Aleksander von, éd. *Le Livre polonais à l'étranger (en langues étrangères) : Littérature, arts, musique, 1900–1933.* Varsovie : Drukarnia nardowa w Krakowie, 1933. 62.

Hager, Ruth E. *Léon Bloy et l'évolution du conte cruel : Ses « Histoires désobligeantes ».* Paris : Klincksieck, 1967.

Haraucourt, Edmond. *Mémoires des jours et des gens.* Paris : E. Flammarion, 1946.

Hauser, Fernand. « Madame Marie Krysinska ». *Simple revue* (16 mai 1894) : 49–52.

Heltey, Henri. « Nos samedis ». *Lutèce* (12–19 janvier 1884) : 3.

Henry, Marjorie Louise. *Stuart Merrill.* Paris : Librairie ancienne Honoré Champion, 1927.

Herbert, Michel. *La Chanson à Montmartre.* Paris : La table ronde, 1967.

Hubert, Judd D. « Symbolism : Correspondence and Memory ». *Yale French Studies* 9 (1952) : 46–55.

Huret, Jules. *Enquête sur l'évolution littéraire.* Paris : E. Fasquelle, 1891. Réimpr. Paris : Thot, 1984.

Hytier, Jean. *Les Techniques modernes du vers français.* Paris : Presses universitaires de France, 1923.

Ireson, John Clifford. *L'Œuvre poétique de Gustave Kahn (1859–1936).* Paris : Nizet, 1962.

Jackson, Arthur Basil. La Revue blanche *(1889–1903) : Origine, influence, bibliographie.* Paris : M. J. Minard-Lettres modernes, 1960.

Jouanny, Robert A. *Jean Moréas : Ecrivain français*. Bibliothèque des lettres modernes 13. Paris : Minard-Lettres modernes, 1969.

Kahn, Gustave. « Préface sur le vers libre ». *Premiers poèmes*. 2ᵉ éd. Paris : Société du Mercure de France, 1897. 3–38.

—. *Symbolistes et décadents*. Paris : Léon Vanier, 1902. Réimpr. New York : AMS P, 1980.

—. *Le Vers libre*. Paris : E. Figuière, 1912.

Kamerbeek, Jan Coenrad, Jr. « Style de décadence ». *Revue de littérature comparée* 39 (avril-juin 1965) : 268–86.

Kasterska, Maria. « Zapomniana Muza Maria Krysinska ». *Horyzonty* 33 (1959) : 41–55.

—. « Marie Krysinska (Bellanger) : Twórczyni Nowoczesnego Wolnego Wiersza Francuskiego ». *Wiadomosci* 5 (1951) : 2.²²

Krzyzanska, Ewa. « Krysinska, Maria Anastazja Wincentyna ». *Polacy w Historii i Kulturze Krajow Europy Zachodniej : Slownik Biograficany*. Ed. Krzysztof Swasniewskiego et Lech Trzeciakowskiego. Poznan : Instytut Zachodni, 1981. 228.

L., G. Compte rendu des *Artistes maudits*, par Marie Krysinska. *Revue universelle* (25 septembre 1901) : 955–56.

Laforgue, Jules. *Œuvres complètes : Edition chronologique intégrale*. Ed. Jean-Louis Debauve, Daniel Grojnowski, Pascal Pia, Pierre-Olivier Walzer, David Arkell et Maryke de Courten. 3 tomes. Lausanne : L'Age d'Homme, 1986–2000.

Lebeau, Narcisse. « Roman d'amour ». *Le Chat noir* 450 (30 août 1890) : 1599–1601.

—. « *Rythmes pittoresques*, par Mme Marie Krysinska ». *Le Chat noir* 457 (18 octobre 1890) : 1628.

Ledrain, Eugène. « Trois femmes de lettres contemporaines ». *Nouvelle revue* ns 1 (1899) : 264–76.

Le Goffic, Charles. « Les Conquêtes du vers français ». *Revue universelle* (19 octobre 1901) : 989–94.

—. Compte rendu d'*Intermèdes : Nouveaux rythmes pittoresques*, par Marie Krysinska. *Revue universelle* 4.118 (1904) : 509.

Le Hir, Yves. *Esthétique et structure du vers français d'après les théoriciens, du XVIe siècle à nos jours*. Paris : Presses universitaires de France, 1956.

Lehman, Liane. *Madame Segond-Weber et la tragédie*. Paris : A.-G. Nizet, 1980.

Lehmann, Andrew George. *The Symbolist Aesthetic in France, 1885–1895*. Oxford : Blackwell, 1950.

---

22 Une traduction en anglais se trouve dans notre thèse doctorale, pp. 199–207. Voir Whidden, « Subversions. . . ».

Lepelletier de Bouhélier, Georges (dit Saint-Georges de Bouhélier). *Le Printemps d'une génération*. Paris : Nagel, 1946.

Le Rouge, Gustave. *Verlainiens et décadents*. Paris : Seheur, 1928.

Lethève, Jacques. *Impressionnistes et symbolistes devant la presse*. Paris : A. Colin, 1959.

—. « Le Thème de la décadence dans les lettres françaises à la fin du dix-neuvième siècle ». *Revue d'histoire littéraire de la France* 63 (janvier–mars 1963) : 46–61.

Lévy, Jules. *Les Hydropathes*. Paris : André Delpeuch éditeur, 1928.

Lutèce (26 janvier–2 février 1884) ; (9–16 février 1884) ; 114 (5–12 avril 1884) : 3.

Maillard, Léon. *La Lutte idéale : Les Soirs de* La Plume. Paris : Paul Sévin / La Plume, 1892.

Marès, Roland de. Compte rendu des *Joies errantes*, par Marie Krysinska. *L'Ermitage* 5.6 (juin 1894) : 366.

Martino, Pierre. *Parnasse et symbolisme (1850–1900)*. 3e éd. Paris : Librairie Armand Colin, 1930.

Maurras, Charles. Compte rendu des *Rythmes pittoresques*, par Marie Krysinska. *L'Observateur français : Journal politique quotidien* 4.314 (10 novembre 1890) : 1–2.

Mazel, Henri. *Aux beaux temps du symbolisme, 1890–1895*. Paris : Mercure de France, 1943.

McGuinness, Patrick, éd. *Symbolism, Decadence and the Fin de siècle : French and European Perspectives*. Exeter : University of Exeter Press, 2000.

Mendès, Catulle. *La Maison de la vieille*. Paris : G. Charpentier et E. Fasquelle,1894. Réimpr. Ed. Jean-Jacques Lefrère, Michaël Pakenham et Jean-Didier Wagneur. Seyssel : Champ Vallon, 2000.

—. *Le Mouvement poétique français de 1867 à 1900*. Paris : Imprimerie Nationale, 1903.

Mercier, Alain. « Charles Henry et l'esthétique symboliste ». *Revue des sciences humaines* 35.138 (avril-juin 1970) : 251–72.

Meyer, Arthur. *Ce que mes yeux ont vu*. Paris : Plon-Nourrit et Cie, 1911.

Miannay, Régis. *Maurice Rollinat : Poète et musicien du fantastique*. Sautron : R. Miannay, 1981.

Michaud, Guy. *La Doctrine symboliste*. Paris : Nizet, 1955.

—. *Message poétique du symbolisme*. Paris : Nizet, 1947.

—. *L'Œuvre et ses techniques*. Paris : Nizet, 1957.

Mickel, Emanuel J., Jr. « Darío and Krysinska's 'Symphonie en gris' : The Gautier-Verlaine Legacy ». *Latin-American Literary Review* 15 (1979) : 12–24.

Millot, Hélène. « Marie Krysinska (1864–1908) ». *Femmes poètes du XIXe siècle*. Ed. Christine Planté. Lyon : Presses universitaires de Lyon, 1998. 153–61.

Mockel, Albert. *Propos de littérature*. Paris : Librairie de l'art indépendant, 1894.

Mondor, Henri. *Vie de Mallarmé*. Paris : Gallimard, 1941.

Montoya, Gabriel. *Les Berceuses bleues : Poèmes et chansons*. Paris : Georges Ondet, 1905.

Moréas, Jean. *Les Premières Armes du symbolisme : Curiosités littéraires*. Paris : Vanier, 1889.

Morice, Charles. *La Littérature de tout à l'heure*. Paris : Perrin et Cie, 1889.

Morrissette, Bruce. *Les Aspects fondamentaux de l'esthétique symboliste*. Clermond-Ferrand : Imprimerie générale, 1933.

Moulin, Jeanine, éd. *La Poésie féminine : Anthologie*. Paris : Seghers, 1963.

Munro, Thomas. *Les Arts et leurs relations mutuelles*. Paris : Presses universitaires de France, 1954.

Nadal, Octave. *Paul Verlaine*. Paris : Mercure de France, 1961.

Naliwajek, Zbigniew. « Francja ». *Poezja* 5.7 (1969) : 97–98.

Oberthür, Mariel. *Le Chat noir et Montmartre, 1881–1897 : Du 27 mars au 31 mai 1993*. Albi : Musée de Toulouse-Lautrec, 1993.

Oberthür, Mariel, éd. *Le Chat noir (1881–1897)*. Paris : Réunion des musées nationaux, 1992.

Paliyenko, Adrianna. « In the Shadow of Eve : Marie Krysinska and the Force of Poetic Desire ». *Women Seeking Expression in France, 1789–1914*. Ed. Rosemary Lloyd et Brian Nelson. Monash Romance Studies 6. Melbourne : Monash Romance Studies, 2000. 159–79.

Paulhan, Jean. *F.F. ou le critique (Introduction aux œuvres de Félix Fénéon)*. Paris : Gallimard, 1945.

Péladan, Joséphin. *Le Vice suprême : Etudes passionnelles de la décadence*. Paris : Librairie moderne, 1884.

Perruchot, Henri. *Manet*. Varsovie : Panstwowy Instytut Wydawniczej, 1961. Verviers : Ed. Gérard, 1962.

Plowert, Jacques. *Petit glossaire pour servir à l'intelligence des auteurs décadents et symbolistes*. 1888. Ed. Patrick McGuinness. Exeter : Textes littéraires/ Exeter French Texts, 1998.

Poizat, Alfred. *Le Symbolisme de Baudelaire à Claudel*. Paris : La Renaissance du livre, 1919.

Quillard, Pierre. Compte rendu d'*Intermèdes : Nouveaux rythmes pittoresques*, par Marie Krysinska. *Mercure de France* 50.172 (avril 1904) : 178–79.

Rachilde. Compte rendu des *Joies errantes*, par Marie Krysinska. *Mercure de France* 56.11 (août 1894) : 386.

—. Compte rendu de *La Force du désir*, par Marie Krysinska. *Mercure de France* 56.193 (1 juillet 1905) : 102–03.

Raymond, Marcel. *De Baudelaire au surréalisme : Essai sur le mouvement poétique contemporain*. Paris : R.-A. Corrêa, 1933.

Raynaud, Ernest. *En marge de la mêlée symboliste*. Paris : Mercure de France, 1936.

—. *La Mêlée symboliste (1870–1900) : Portraits et souvenirs*. 3 tomes. Paris : La Renaissance du livre, 1920–1929.

Régnier, Henri de. *Figures et caractères*. Paris : Société du Mercure de France, 1901.

Renard, Jules. *Journal (1887–1910)*. Ed. Léon Guichard et Gilbert Sigaux. Bibliothèque de la Pléiade. Paris : Gallimard, 1960.

Richard, Noel. *A l'aube du symbolisme : Hydropathes, fumistes et décadents*. Paris : Librairie Nizet, 1968.

—. *Louis le Cardonnel et les revues symbolistes*. Paris : Didier, 1946.

—. *Le Mouvement décadent : Dandys, esthètes et quintessents*. Paris : Librairie Nizet, 1968.

Rodenbach, Georges. « La Poésie nouvelle : A propos des décadents et des symbolistes ». *La Revue bleue* 28.14 (4 avril 1891) : 422–30.

Rose, Marilyn Gaddis. « Maria Krysinska ». *An Encyclopedia of Continental Women Writers*. Ed. Katharina M. Wilson. New York : Garland, 1991. 672–73.

Rosny, J.-H.(Ainé). *Mémoires de la vie littéraire : L'Académie Goncourt — Les salons — Quelques éditeurs*. Paris : Cres, 1927.

Rudler, Madeleine G. *Parnassiens, symbolistes et décadents : Esquisse historique*. Paris : A. Messein, 1938.

Sabatier, Robert. *La Poésie du XIXe siècle. Tome 2 : Naissance de la poésie moderne*. Paris : Albin Michel, 1977. Tome 5 de *Histoire de la poésie française*.

Salmon, André. *Première époque (1903–1908)*. Paris : Gallimard, 1955. Tome 1 de *Souvenirs sans fin*. 3 tomes. 1955–61.

Sarcey, Francisque. « Chronique littéraire ». *La Plume* 34 (15 septembre 1890) : 164.

Schmidt, Albert. *La Littérature symboliste*. Paris : Presses universitaires de France, 1942.

Scholl, Aurélien. Compte rendu des *Rythmes pittoresques*, par Marie Krysinska. *Le Matin* (18 octobre 1890) : 1.

Schultz, Gretchen. *The Gendered Lyric : Subjectivity and Difference in Nineteenth-Century French Poetry*. Purdue Studies in Romance Literatures 17. West Lafayette, IN : Purdue University Press, 1999.

Scott, Clive. *Vers libre*. Oxford : Clarendon Press, 1990.

Séché, Alphonse. *Les Muses françaises : Anthologie des femmes-poètes du XIIIème au XXème siècle*. 2 tomes. Paris : Louis-Michaud, 1908.

—. *Paul Verlaine*. Paris : Louis-Michaud, 1908.

Seylaz, Louis. *Edgar Poe et les premiers symbolistes français*. Lausanne : Imprimerie la concorde, 1923.

Shryock, Richard, éd. *Lettres à Gustave et Rachel Kahn (1886–1934)*. Saint-Genouph : Librairie Nizet, 1996.

Sivert, Tadeusz. « La Vie culturelle polonaise à Paris à la charnière du XIXème et du XXème siècle ». *Revue d'histoire du théâtre* 36.4 (1984) : 392–407.

Souriau, Etienne. *La Correspondance des arts : Eléments d'esthétique comparée*. Paris : Flammarion, 1947.

Souza, Robert de. *La Poésie populaire et le lyrisme sentimental*. Paris : Société du Mercure de France, 1889.

—. *Le Rythme poétique*. Paris : Perrin, 1892.

—. *Où nous en sommes : La Victoire du silence*. Paris : H. Floury, 1906.

Spaziani, Maria Luisa. « Maria Krysinska ». *Donne in poesia : Interviste immaginarie*. Venise : Marsilio Editori, 1992. 67–79.

—. « Marie Krysinska inventore del verso libero ». *Il simbolismo francese : La poetica, le strutture tematiche, i fondamenti storici. Atti del convegno tenuto all'Univ. cattolica di Milano da' 28 febbr. al 2 marzo 1992 a cura di Sergi Cigada*. Carnago : SugarCo Ediz., 1992. 379–84.

Strowski, Fortunat Joseph. *Tableau de la littérature française au XIXe siècle et au XXe siècle*. Paris : Librairie classique Paul Mellottée, 1927.

Szarama-Swolkieniowa, Maria. *Maria Krysinska : Poetka Francuskiego Symbolizmu*. Cracovie : Nakladem Uniwersytetu Jagiellonskiego, 1972.

—. *Maria Krysinska w Swietle Krytyki*. Zeszyty Naukowe Uniwersytetu Jagiellonskiego. *Prace Historycznoliterackie* 14.168 (1968) : 259–71.

Tailhade, Laurent. « Causerie sur Paul Verlaine ». *La Plume* 134 (15 novembre 1894) : 463–67.

—. « Notes sur Charles Cros ». *Le Décadent* 3.18 (1 septembre 1888) : 1–5.

—. *Poèmes aristophanesques*. 6e éd. Paris : Mercure de France, 1915.

—. *Quelques fantômes de jadis*. Paris : Société des trente—A. Messein, 1913. Edition revue et augmentée, Paris : L'édition française illustrée, 1920.

Thalasso, Adolphe. *Le Théâtre Libre : Essai critique, historique et documentaire*. Paris : Mercure de France, 1909.

Vacaresco, Hélène. « Une Créatrice du vers libre français : Marie Krysinska ». *La Pologne* [publication mensuelle de la Bibliothèque polonaise de Paris] (1 mars 1934) : 192.

Vanor, Georges. *L'Art symboliste*. Paris : Chez le bibliopole Vanier, 1889.

Velter, André, éd. *Les Poètes du Chat noir*. Paris : Gallimard, 1996.

Weber, Jean-Paul. *Genèse de l'œuvre poétique*. Paris : Gallimard, 1960.

Wedkiewicz, Stanislas. « Marie Krysinska ». *Bulletin de l'Académie Polonaise des Sciences et des Lettres (Centre polonais de recherches scientifiques de Paris)* 10 (avril 1952) : 91–94.

Whidden, Seth. « Le Corps féminin comme objet en mouvement : Arthur Rimbaud et Marie Krysinska ». *L'Objet dans la poésie française du Moyen Age au XXe siècle.* Ed. François Rouget et John Stout. Paris : Champion, 2001. 95–115.

—. « Marie Krysinska : A Bibliography ». *Bulletin of Bibliography* 58.1 (mars 2001) : 1–10.

—. « Marie Krysinska's Prefaces and Letters : Not 'du Voyant' but 'd'une Défiante' ». *Women Seeking Expression in France, 1789–1914.* Ed. Rosemary Lloyd et Brian Nelson. Monash Romance Studies 6. Melbourne : Monash Romance Studies, 2000. 180–93.

—. « 'Nous les prendrons, nous les comprendrons' : une mini-querelle au *Chat noir* ». *Histoires littéraires* 8 (2001) : 31–37.

—. « Subversions in Figure and Form : The Post-Parnassian Women and Versification of Arthur Rimbaud and Marie Krysinska ». Thèse doctorale, Université Brown, 2000.

Willette, Adolphe Léon. *Feu Pierrot : 1857–19?.* Paris : H. Floury, 1919.

Zanetto. « Profils de poètes : Mme Marie Krysinska ». *Simple revue* (novembre 1893) : 332–33.

Zimmermann, Michael F. « Biographie intellectuelle de Charles Henry : Fondements psychophysiques de sa théorie scientifique de l'art ». Trad. Jérôme Ferry, Solange Schnall et Karin Fanny Willems. *Les Mondes de Seurat.* Anvers : Fonds Mercator, 1991. 227–46.

Index des dédicataires